CRTICE I PRIČICE
IZ ŽIVOTA

Goran Ješe

BUTTERDRAGONS
PUBLISHING

Naslov: Crtice i pričice iz života
Autor: Goran Ješe
Autorska prava © 2022 Butterdragons® Publishing
Sva prava zadržana

Izdavač: Butterdragons® Publishing
https://butterdragons.com

ISBN: 9789493229969 (e-book)
ISBN: 9789493229976 (meki povez)

Dizajn omota: Dazed Designs
Model na naslovnici: Goran Ješe
Fotograf: Dražen Ješe

Zahvaljujem svojoj supruzi i životnoj družici Jasenki što me je najvećim dijelom pratila na mom putu (ove ćemo godine proslaviti 50 godina braka), iz kojeg su ponajviše nastale ove kratke priče.

Knjigu posvećujem svojo unučici Evi, koja je u početku koronakrize, u dobi od 5 godina, poželjela
NEKA BUDE ŠTO PRIJE KAKO JE BILO PRIJE!

PREDGOVOR

Kako je nastala ova knjiga?

Čitajući simpatičnu knjigu nobelovca Eliasa Canettija Spašeni jezik (Die gerettete Zunge) shvatio sam da se i obični događaji u nečijem, čak i ne previše uzbudljivom ni senzacionalnom životu, ako se ispričaju jednostavnim, toplim rječnikom mogu postati zanimljivo štivo.

Tako sam počeo, manje-više spontano, i ja pisati o zgodama oko sebe i u mome svijetu, koji sam inače oduvijek vrlo pomno promatrao. Kad je pisanje o aktualnim događajima krenulo počeo sam se prisjećati i raznih zgoda iz prošlosti i o njima pisati kratke priče. Često bih ih podijelio s prijateljima, kojima sam ranije slao uglavnom svoje osvrte i eseje o 'ozbiljnim' temama (aktualnoj političkoj situaciji i sl.).

Iznenadilo me je da su im se većina mojih pričica više dopala od onih o 'ozbiljnim stvarima', ponajviše zbog laganih tema kojima se bave te da su me počeli poticati da i dalje pišem pa i da ih 'skupim' u jednu knjižicu i objavim.

Nisam mogao odoljeti izazovu. A otud i naslov CRTICE I PRIČICE IZ ŽIVOTA (SUCH IS LIFE, Short Stories & Anecdotes).

Ima još razloga zašto (rado) pišem. Vjerujem da mi pažljivo promatranje i opisivanje uočenoga pomaže da mi glava s godinama 'ostane u formi' a i da se pritom, tako pišući, uspješno borim protiv zamke 'rudimentiranoga' jezika suvremenog 'kompjuterskog' dopisivanja i doprinosim da se vrati dostojanstvo pisanju 'normalnim' jezikom u svoj njegovoj punoći.

Goran Ješe

SADRŽAJ

He takes you on a journey
Through his life

With a splash of humour
And a lot of nostalgia

Helle Gade, lipanj 2022

GARO

O NAŠEMU GARI
(Napisano na Badnjak, 2021.)

Dragi prijatelji,

Većina vas s kojima se družimo i koji povremeno dođete na našu 'Kućicu' na Medvedskom bregu iznad Markuševečke Trnave već dugo poznaje Garu, našega psa koji gore živi. Ipak, kako će Garo biti junak u više pričica u ovoj knjižici red je da ga predstavimo i onim koji ga ne znaju.

Gdje se 'rodio'; tko su mu roditelj?i:

Zadnjih desetak godina svojeg radnoga vijeka u Končaru radio sam na projektima elektrifikacije željezničkih pruga. Tako smo 2012.-2013. godine gradili veliko rasklopno postrojenje/trafostanicu za Hrvatske željeznice u mjestu Vrata, nedaleko Fužina u Gorskome kotaru. Podizvođač za građevinske i elektromontažne radove bila nam je tvrtka TehnoElektro iz Đakova.

Početkom 2013. bila je jaka zima i pao je veliki snijeg. Radovi su naravno privremeno prekinuti. Jednoga dana dolutala je do radilišta, očito tražeći pomoć, žuta kuja duge dlake (kažu pasmine retriver) spremna se svaki čas ošteniti. Dežurni monteri napravili su joj improviziranu, toplu kućicu i tu su se 'rodila' dva prekrasna, na opće iznenađenje potpuno crna, kratkodlaka mužjaka. Smatralo se da im je tata jedan labrador lutalica iz okoline. Naši Slavonci nadjenuše jednome, koji je ostao uz njih, ime Garo. 'Brata' mu je netko odmah udomio.

Garo lutalica:

Garo je do ljeta živio slobodno, kao lutalica s 'bazom' na gradilištu i naravno nije mu bilo loše; radnici su ga dobro hranili. Dolazeći povremeno u Vrata radi praćenja napretka radova pratio sam i Garu kako raste, od male bebe do lijepoga mladoga štenca. Uvijek bi se s nama rado poigrao i dao se pomaziti a onda bi na rastanku dugo trčao za našim autom.

Međutim, na veselje investitora a na Garinu žalost radovi su u ljetu završeni i monteri su napustili objekt, koji je inače daljinski upravljan, bez stalne posade. Da ga ne bi morali potpuno prepustiti brizi vrijednih i požrtvovnih curica iz lokalnoga društva za zaštitu životinja radnici (privremeno) odvedoše Garu na sljedeće radilište, u blizini Novske te razglasiše da traže kandidata za njegova udomitelja.

Garo je postao naš:

Nakon nedugog razmišljanja i konzultacije s J. odlučih dovesti Garu na Medvedski breg i javim to ekipi u Novskoj. Pita me prijatelj M. kako sam to zamislio i veli: "Ili ćeš ti k njemu na Breg ili će on tebi u grad.„

Ja izabrah treće rješenje; obilazim Garu na Bregu svaki dan. To mi je postala dnevna obveza i 'zanimacija,' osobito nakon odlaska u mirovinu. I tako već punih 8 godina. O troškovima me nemojte pitati; tješim se da nemam nikakvoga drugoga luksuza.

Kako je išla operacija Garu u Zagreb?:

Dogovorim se s kolegom I. da Garu dovezemo u Zagreb kod sljedećeg obilaska radilišta u Novskoj. Opremismo prtljažnik našega auta folijama i kartonima, ponesosmo (po savjetu poslovođe na terenu) kobasice da Garu lakše privolimo na suradnju.

Pred polazak za Zagreb pokušavamo Garu dobiti u auto. On njuši neku opasnost pa ni kobasice ne pomažu. U jednom trenutku dade se u bijeg; mi za njim po blatu do gležnjeva. Nakon dosta natezanja ipak ga mladi i okretni I. ulovi i počne naš nemirni put.

Prvi puta kod veterinara:
Stigosmo konačno u Zagreb. Pravac veterinarska ambulanta u Heinzelovoj, prekoputa fakulteta; oni rade do navečer. Parkiramo u dvorištu i iskrcavamo preplašenoga Garu. Nevješto mu stavljam ogrlicu i pokušavam prikopčati lanac koje sam netom kupio u susjednom pet-shopu.

Garo međutim iskoči iz prtljažnika i zajuri se prema glavnoj cesti. Srećom tu stade, valjda od straha pred velikim prometom, i ukopa se na mjestu. Nakon toga smo ga lako unijeli u ambulantu i sve je onda išlo po redu: pregled, 'čipiranje,' cijepljenje, otvaranje knjižice… Tako je Garo postao stanovnik Zagreba s adresom na Bregu, a ja službeno njegov 'otac.'

U novom domu:
Stigosmo na Breg. Već sam kupio i pripremio pravu pseću kućicu, hranu i ostalo.

Garo se za nas iznenađujuće brzo snašao u novom domu. A kako i ne bi, okružen zelenilom i tišinom koju remeti samo lavež drugih pasa u selu.

A o nekim njegovim zgodama čitat ćete u pričicama u nastavku.

MUKE PO (NESTERILIZIRANOME) GARI
(Zabilježio po povratku s Kućice 09.05.2020.)

Dragi prijatelji,

U prethodnome tekstu upoznali ste Garu, našega psa na Kućici na Medvedskom bregu.

A sada pratimo neke njegove zgode..

Kako je Garo ostao nesteriliziran:

Od početka sam želio da Garo ostane što prirodniji, kao pravi goranski mješanac; nije tu bilo dresure, ono što je morao ('čipiranje') i još mora (obvezna cijepljenja …) to je prošao i prolazi. U prekršaju smo međutim u odnosu na gradsku uredbu o obveznoj trajnoj sterilizaciji pasa iz 2018. godine.

O tome rješava li se sterilizacijom problem velikog porasta broja pasa bez nadzora dalo bi se raspravljati. Moje je mišljenje da je to operacija 'vađenja mandula s krive strane,' premda se za to gorljivo zalažu i udruge prijatelja životinja.

I zato Garu ne dam na sterilizaciju.

O nekim načelnim aspektima odnosa čovjeka prema kućnim ljubimcima a i drugim životinjama:

Oduvijek sam se pitao je li to u redu da si čovjek, radi svojega komoditeta, interesa ili nekog drugog razloga daje za pravo da psa dade sterilizirati, odrezati mu uši ili rep kako bi izgledao po normativu kinološkog društva za svoju pasminu… ili čak da si uzima 'božanske' ovlasti i odlučuje hoće li jednoga dana psa i eutanazirati…

Rado bih pitao šefa društva za zaštitu životinja, velikoga zagovornika sterilizacije, kako bi bilo da njemu netko nekakvim zakonom propiše oduzimanje jedne od osnovnih čovjekovih bioloških funkcija, reproduktivne pa i seksualne. Zasigurno bi i on smatrao monstruoznom ideju sterilizacije ljudi kao mjeru protiv demografske eksplozije na Zemlji.

Nesumnjivo se radi o dvostrukim mjerilima koja vrijede za ljude i za kućne ljubimce, te za kućne ljubimce i ostale životinje, vjerojatno nužnim za ovakvu civilizaciju u kojoj živimo, u kojoj kućne ljubimce steriliziramo da bismo komotnije i s manje briga živjeli a s druge strane radi stavljanja u našu službu ili na naš jelovnik steriliziramo bikove u volove, neraste u obične prasce, pijevce u kopune….

Tu moram stati! Osim Gare i drugih kućnih ljubimaca ima i bezbroj drugih životinja. Ako bih bio dosljedan morao bih i o njima misliti i postati vegan ili barem vegetarijanac.

Kujica Lara kod nas u gostima; muke po Gari:
Došla nam je u posjet gospođa R. sa susjednog brijega (kod nje kupujemo izvrstan kozji sir) u želji i namjeri da nam kao početnicima dade neke savjete oko vrta, kojega upravo osnivamo. Dovela je sa sobom i Laru, lijepu i dragu kujicu.

Gđa. R. veli da je Lara sterilizirana i da neće dobro odgovoriti na moguće Garino udvaranje.

Ali Garo se odmah raspametio. Više ne laje nego Lari šalje nekakve poruke nalik na mumlanje, juri oko nje, njuška je. Kada ju je pokušao dodirnuti Lara je oštro zarežala i 'otpremila' ga.

Garo mijenja taktiku; pušta galantno da gošća jede hranu iz njegovih posuda, koje sam netom napunio.

I dok Lara jede on je i dalje obilazi i njuška, šalje joj nove signale. Opet je pokušava dirnuti; opet isto.

I sada nevjerojatna stvar: Garo odlazi do gđe. R. koja sjedi u fotelju, gotovo se popne do njenoga lica i počne je lizati i upadljivo joj se dodvoravati. Shvaćamo da je naslutio da je gđa. R. Larina gazdarica i gospodarica pa ju je došao zamoliti da nagovori Laru da popusti…

Naravno, ništa od toga. Kad je Lara otišla razočarani Garo je odjurio u selo da možda potraži sreću u nekome drugom dvorištu.

A nama ostaje za razmisliti je li bolje da nam je pas steriliziran ili ne u uvjetima kada su kuje svih poznatih i prijatelja sterilizirane.

Tužna priča o jednom drugome Gari:
Sjetih se jednoga drugoga Gare, iz Libije, i njegovog tužnoga kraja. Bilo je to prije tridesetak godina. U Montmontažinom kampu u Zeltenu, u pustinji dvjestotinjak kilometara južno od mediteranske obale, nismo neko vrijeme imali radnika; trenutno nismo imali ugovora za poslove u okolnim naftnim poljima i postrojenjima. Kamp je čuvao i održavao njegov hladni pogon iskusni poslovođa nadimkom Dugi; s njime i njegov vjerni Garo; naravno crni pas, sličan mješanac kao naš Garo.

U to vrijeme nije bilo mobitela ali su vrlo dobro funkcionirale kompanijske telefonske veze pa bi se s Dugim čuli svakih dan, dva.

Jedan dan poziv od Dugoga, koji uzbuđeno, gotovo panično veli:

Šefe, imam problem. Sjedim na pragu svoga kontejnera i jedem piletinu koju sam maloprije ispekao. Komad sam dao Gari. Kad ga je pojeo Garo se preda mnom srušio mrtav. Što da radim?

Što sam mogao reći nego:

Hodi Talijanima u susjedni kamp ako ti bude trebala pomoć. Budimo na vezi. Šaljemo dečke odavde.

I dok smo spremali ekipu za polazak javi se opet Dugi (mogu zamisliti koje su mu u tom kratkom vremenu crne misli prolazile kroz glavu), ovaj puta optimistično:

Šefe, izgleda da mi ipak nije ništa. Talijani kažu da su kompanijske ekipe dan prije postavljale otrovne mamce za pse lutalice pa i uz našu ogradu. Siroti Garo je očito pojeo nešto od toga. A moja piletina je ipak u redu.

Tako se je ova zgoda, s tužnim završetkom za Garu a sretnim za Dugoga, još dugo prepričavala.

Libijski Garo je ispao slučajna žrtva u redovitoj akciji kompanije protiv čopora poludivljih pasa koji kruže okolnom pustinjom. I opet svjedočimo dvostrukom čovjekovom pristupu, koji je skrojio svijet po svojoj mjeri: kućne ljubimce treba čuvati i žaliti a lutalice radikalno potrovati…

GARO I NJEGOV REP
Crtice iz ambulante na Veterinarskom fakultetu
(Pisano u Zagrebu između dvije utakmice
svjetskoga nogometnoga prvenstva u Rusiji
i između dva posjeta ambulanti).

Proslov:
Znate da je Garo prije mjesec dana ozlijeđen u okršaju s drugim psima.

Sigurno sam vam rekao i to da mu je veterinar zašio duboku ranu tamo negdje između vrata i leđa, prepisao mu antibiotik (ujutro i navečer, pa zato spavam na Kućici) i da sada moramo na redovite kontrole i obradu rane.

Usprkos dosadašnjem paničnom strahu od vožnje autom i strahu od nepoznatoga prostora čekaonice i ambulante (osobito od čistoga i glatkoga poda na kojem i njegove kandže 'proklizavaju') Garo je počeo rado dolaziti. Zamislite: Sam uskače u auto kada krećemo. Nada se i veseli se društvu mnogobrojnih pasa.

A ja, kad stignemo, u dokolici dok čekamo na red promatram druge pse najrazličitijih pasmina (ponekad i koju zgodnu vlasnicu u pratnji) i Garine reakcije.

Garo i njegov rep:
(svaka alegorija je namjerna)
Likovi:
Garo i drugi psi te ini kućni ljubimci (mačke, zečevi, hrčci...) koji čekaju pregled i njihovi

gospodari/vlasnici; ovdje ipak promatramo samo pse i njihove repove.

Mjesto radnje:

Čekaonica ambulante Veterinarskog fakulteta.

Radnja:

Otvaraju se automatska vrata, ulazi novi pacijent (ili ga unose), boli ga ovo ili ono. A Garo?

Garo k'o Garo. Družio bi se sa svima. Svakome novome nudi prijateljstvo (svima koji su prije ušli jednako se veselio). Veselo maše repom, ako ovaj ili ova prođu blizu onjuši ih a kod 'cura' proba i nešto više od toga. Jedva ga uspijevam držati čvrsto uz sebe.

A drugi psi? 'Uljuđeni,' dobro dresirani, gotovo da ne laju (samo tu i tamo), označavanje teritorija i druge stvari ostavili su vani. Ne mašu Gari repom (vjerujte niti jedan); oni najskuplji možda i zato što su im rep odrezali pa nemaju čime. I svi se čude Garinoj spontanosti i izravnom pristupu. Misle valjda u svojim psećim glavama i glavicama: Što li ovaj neuškopljeni provincijalac, mješanac, traži na ovom civiliziranom mjestu? Što si on zamišlja, da može biti s nama prijatelj!? I prepuštaju se pažnji svojih gospodara i društvu drugih biranih pasa.

Epilog:

Garo razočaran, ali prostodušan i naivan, raduje se opet svakom novom psu koji uđe i veselo maše repom a kad se vratimo na Medvedski breg i svakom novom odlasku na kontrolu. I gotovo da ne bi želio da mu rana potpuno zacijeli i da kontrole postanu nepotrebne.

GARO OPET NA VETERINI

Crtice iz ambulante na Veterinarskom fakultetu
(Pisano nakon povratka s kontrolnoga pregleda,
10. listopada 2019.).

Možda ne znate da je Garo ponovno ozlijeđen, opet u okršaju s drugim psima, ovaj puta znatno ozbiljnije nego prije godinu i nešto dana.

Veterinar kirurg mu je u ponedjeljak u potpunoj anesteziji 'rekonstruirao' tkivo i zašio dvije duboke rane, visoko na prednjoj desnoj nozi.

Nakon tri dana borbe da Garo redovito popije lijekove i da ne potrga zavoje, zbog čega sam i spavao uz njega na Kućici (bio je dobar, ništa nije oštetio niti zaprljao), danas smo bili na prvoj kontroli iza operacije.

Bila je to dobra prigoda da usporedim Garino ponašanje na putu do ambulante i u čekaonici s onim od prošle godine a i da promatram pacijente i njihovu pratnju dok čekamo svoj red.

Garo opet veseo kada treba ući u auto i tih u putu, miran i kooperativan na stolu u ambulanti. Instinktivno je shvatio da mu svi pomažu u njegovoj muci i ne pravi nikakve probleme.

Iznenadio me je međutim Garin mir u čekaonici. Više se ne javlja kao kod ranijih dolazaka onako zdušno svakome novom psu koji uđe i ne traži prijateljstvo. Sjedi ili leži poslušno do mojih nogu; lagano ga dragam po glavi a on samo svako toliko malo zamaše repom. Tumačim to time da su ozbiljne rane, nedavna anestezija i analgetici učinili svoje.

Dosta dugo čekamo, nisam ponio ništa za čitanje pa se posvećujem promatranju drugih pacijenata i njihovih gospodara.

*Prvo zapažanj*e: U čekaonici su od kućnih ljubimaca isključivo psi; nemali ih je broj, od onih 'džepnih' pa do velikih, opasnoga izgleda. Ovo je kirurgija, većina su (osim nekih koji su naručeni za operacije raznih malformacija) ozlijeđeni pa se kao i Garo, uglavnom u tišini, nose sa svojom mukom. Zaključujem da se (valjda u ovo doba godine) mačke puno manje ozljeđuju od pasa.

Drugo zapažanje: U pratnji svojih ljubimaca su u velikoj većini žene (svih dobi i uzrasta). Ja sam tu trenutno jedini 'solo' muškarac koji je doveo svoga psa. Ostali muškarci su u pratnji svojih žena i njihovih ljubimaca; dovezli su ih ili umjesto žene unijeli teškoga psa u čekaonicu. Kad su odradili te svoje zadatke većina ih surfa po pametnom telefonu ili igra igrice na tabletu, uglavnom ni ne gledajući svoje pse, jedan ležeći na podu (u nedostatku slobodnih stolaca).

Nasuprot tome žene su prepune brige, svaki čas nešto sitno ugađaju svojim ljubimcima, maze ih i (doslovno) ljube.

Treće zapažanje: Atmosfera je u čekaonici gotovo komorna, ne samo zbog tihih pacijenata nego i zbog njihovih vlasnika. Uspoređujem je s gužvom i žamorom u čekaonici u nekoj bolnici, npr. onoj ORL odjela kod Sestara milosrdnica gdje sam nedavno bio. Tamo je neusporedivo više ljudi; jedni drugima pričaju o svome slučaju, iznose detalje povijesti bolesti i terapije. Često se neki, koji ima problema s grlom, nadvikuje s drugima u želji da nešto objasni onom drugom koji pak ima problema sa sluhom...

Ovdje pacijenti šute a njihovi gospodari međusobno ne komuniciraju; tu i tamo se, više iz pristojnosti zadovolje pitanjem o vašem psu: Je li dečko ili cura ili komentarom: Baš je sladak i slično; u pravilu ne govore što je s njihovim ljubimcem niti pitaju zašto je vaš tu.

Ali zamislite, ovdje možete većinu pacijenata (uključujući i one drugih vlasnika) na trenutak podragati, pomaziti, ohrabriti, što psi u ovoj situaciji izgleda jako cijene.

Četvrto zapažanje: Imovinski status klijenata je viši od prosjeka. Razumljivo, ne može si baš svatko priuštiti zahtjevnoga kućnoga ljubimca a još manje njegovo eventualno liječenje u ovakvoj instituciji (naš slučaj npr. do sada je težak već preko dvije tisuće Kuna...).

U našem sustavu 'ljudske, humane' zdravstvene zaštite nešto je besplatno, za nešto se plaća participacija ili puna cijena a ovdje se sve, baš sve plaća. Nema obveznoga niti dopunskoga osiguranja; svi spremno vade kartice ili gotovinu.

Imaš dojam da su ljudi u stanju odvojiti za svoga ljubimca više nego za sebe same.

Peto zapažanje: S obzirom na veliki broj pacijenata i pristojne cijene te promptno plaćanje čini se da se radi o vrlo unosnom poslu (nemam pojma kako je poslovanje Klinike za kirurgiju uklopljeno u poslovanje Veterinarskoga fakulteta, što je od toga 'fakultetsko' a što privatno).

Angažiran je respektabilan broj veterinara kirurga, specijalista i specijalizanata, raznih asistenata, tehničara, bolničara. Svi su vrlo ljubazni i nježni prema svojim pacijentima, vidi se da vole ovaj posao. Radi se bez žurbe. To je dobro jer daje životinjama potreban mir da se što manje boje…

Šesto zapažanje: Pacijenti su isključivo kućni ljubimci. Sjetim se kako mi je prije pedesetak godina kada bih prošao Heinzelovom pokraj Veterine bio smiješan veliki natpis na ogradi: *Ulaz za bolesnu stoku iza ugla*. Danas toga natpisa više nema; ovo osoblje treba otići kolegama u seoske ambulante da bi vidjelo ili liječilo konja, kravu ili svinju.

Prozivaju nas; moje promatranje i razmišljanje završava, pokušat ću ga zapisati doma.

Pregled/kontrola trajao je vrlo kratko. S ranom je sve u redu, zarasta po planu; sljedeća kontrola i vađenje konaca je za osam dana.

Vjerujem da će se Garo tada opet veseliti susretu s brojnim novim psima u čekaonici.

KAKO SE GARO SPASIO I POBIJEDIO SVOJU NESREĆU I LJUDSKU BEŠĆUTNOST

(Napisano 08.02.2021. u povodu nesreće
u ulici Šuškovići od 03.02.2021.)

Dragi prijatelji,

Pišem ovo vama koji ste upoznali Garu, kojima se kao i meni 'uvukao pod kožu,' ili ste barem čuli o njemu. Vjerujem da vam je sigurno stalo znati da je Garo doživio nesreću; udario ga je auto i kako je sada.

Nesreća:

Garo je taj dan bio uredno vezan u našem dvorištu ali je, kada je vidio da susjeda M. vodi svoga Arija u šetnju nije mogao odoljeti, potrgao je ogrlicu i pridružio im se, ne prvi puta.

Svi vi koji ste išli prema Kućici na Medvedskom bregu sjetit ćete se onoga strmoga uspona pokraj mini palače od stakla i čelika na klizištu.

Na tome mjestu je na zaigrane pse, našega Garu i njegovoga novoga, mladoga prijatelja Arona, u 'pol bijela dana,' oko dva popodne, po suhoj cesti i suncu naletio crni terenac, meni, a sigurno i nekima od vas, poznatoga vlasnika.

Prve reakcije:

Mlada susjeda koja ih je vodila je u potpunom šoku; siroti Aron nije preživio sraz s crnim čudovištem, Garo je odbačen u stranu.

Cura je očajna, smatra (opravdano) da je kriva za nesreću jer psi nisu bili 'na lajni,' gotovo histerično plače.

Iz terenca izlazi ozbiljni gospodin. Očito ne misli da je kriv, premda ja smatram da je mogao i morao usporiti kad je vidio zaigrane pse te zakočiti i tako izbjeći nesreću. Ipak se tu radi o seoskoj cesti; na tome mjestu često put prelaze lisice i srne a jednom sam baš tu morao stati da propustim obitelj divljih svinja, opasnu mamu i šest-sedam malih u 'pidžamama.'

On je međutim stao malo dalje, galantno ponudio M. da poslika njegovu tablicu ako što treba, rekao da neće praviti probleme oko štete na njegovom autu, sjeo za volan i otišao. Koliko je M. primijetila nije stigao pripaliti lulu po kojoj ga inače poznajemo.

A dotle je ozlijeđeni Garo ležao kraj ceste:
Kad razmišljam o vozaču, kolegi i poznaniku čiju bešćutnost ne mogu razumjeti (Gari nije ni pokušao pomoći, nije ozbiljno ni pogledao drugoga, mrtvoga psa niti pomogao curi u šoku), pada mi na pamet sljedeća misao jednoga filozofa:

"Čovjek se razlikuje od drugih bića oko sebe povoljnijim udjelom mase mozga prema tjelesnoj težini i zato im je superioran. Ali kada sjedne u tenk ili u auto i doda 'u nazivnik' tone težine taj omjer se drastično kvari a superiornost nestaje."

Djevojka je, kad se ipak nekako malo pribrala, pozvala pomoć. Došao je stric i uzeo u auto nju i mrtvoga Arona. Garo se nije dao pa ga je čovjek položio na travu ispod hrasta kraj ceste.

Kada se za 15-tak minuta vratio po Garu njega, na veliko čuđenje, nije više bilo.

Potraga:

Za nekih sat, sat i pol stigao sam i ja te susjed i susjeda koji su me o događaju obavijestili. Do mrkle noći tražili smo Garu, dozivali ga. Bojali smo se da je ozlijeđen pao niz veliku strminu od tamo navezene zemlje ili da se negdje skrio da u miru ugine. Ali ništa ...

Nakon loše prospavane noći evo me opet u potrazi. Mukotrpno, po strmini i blatu obilazim obližnje jarke, vinograde i kuće; sada se naravno puno bolje vidi nego s baterijskom lampom, ali opet ništa. Ni traga ni glasa od Gare.

Vraćam se na Kućicu oko pola jedanaest. Nemam ideju što dalje.

Iz razmišljanja me trgne susjeda. Uzbuđeno javlja da je Garo došao do njihove kuće.

Garina pobjeda:

Garo leži ispod grma ružmarina u susjedovom dvorištu. Došao je potražiti pomoć jer zna da je tu uvijek netko doma. Očito je instinktivno birao skrovite putove pa ga nismo mogli uočiti a nije se imao snage odazvati glasno na naše pozive.

Sa slomljenom nogom i drugim ozljedama trebalo mu je gotovo dvadeset sati da prevali razdaljinu od možda jednoga kilometra ali je svojom žilavošću i ne mogu reći nadljudskim (možda može *nadpasjim*) naporima pobijedio svoju nesreću i vozačevu bešćutnost.

Nadajmo se najboljemu:

Dalje je išlo po već viđenoj proceduri kod ranijih Garinih ozljeda. Pravac Kirurgija na Veterinarskom faksu. Pretrage pokazuju da je prednja lijeva noga slomljena. Dobiva udlagu. Ostale manje ozljede su sanirane. Za čudo nema unutarnjih ozljeda.

Naručeni smo za utoraka na operaciju. Nadajmo se da će noga opet biti u redu.

A meni ostaje za razmisliti ne samo kako se organizirati za vrijeme Garine rehabilitacije nego još više o tome kako, u uvjetima kada ga ja zbog svojih teškoća sa hodanjem ne mogu voditi u šetnju, zadovoljiti Garinu veliku potrebu za slobodom i kretanjem, koju je očito ponio iz svoje prve godine kada je u Gorskom kotaru živio kao mladi slobodnjak, lutalica.

POTRES, PANDEMIJA I OPERACIJA

SLIČICE IZ BOLNICE
Crtice iz Vinogradske bolnice Sestara milosrdnica
(Pisano koncem studenoga 2017.)

Ne smijem trenutno puno govoriti pa sam za one koje interesira kako mi je bilo u bolnici napisao ove sličice po danima.

1. dan
Na prijemnom dobiješ narukvicu s bar-kodom da te ne izgube a ako umreš da znaju koji si. Ulazimo u tzv. dnevni boravak prepun novih pacijenata i obitelji u pratnji. TV prijenos suđenja iz Haaga zanima samo nas dvojicu, trojicu, ostali pričaju tko zna o čemu. Koga briga za Hrvate u Haagu, naša slika i prilika. Napuštam boravak: o šokantnom toku suđenja i presudama saznao sam mobitelom od svojih.

Već po prijemu u sobu i krevet shvatiš da vrijeme počinje vrlo sporo teći. Povremene aktivnosti sestara oko pacijenata (tlak, temperatura, lijekovi…), liječnika stažista (intervjui, mali pregledi…) odvojeni su beskrajnim odmaranjem. Poslije shvatim da je to način potpunog opuštanja i psihičke pripreme za operaciju.

Svi su savršeno ljubazni i profesionalni, na odjelu red i čistoća, zna se tko što radi (čestitka vodstvu i djelatnicama/djelatnicima), jedino je hrana skromna i loše pripremljena (da me tu drže dulje vremena uspio bih zasigurno smršaviti).

Zapao me jedan od cimera (75 god.) koji je tu po drugi put. Osjetio je potrebu da mi prije ranoga ručka (u podne) i poslije njega ispriča sve o svojoj bolesti, ranijoj operaciji i ovoj na koju je došao. Od ove tipične pacijentske priče puno je uzbudljivije ono što mi je (is)pričao o svome nevjerojatno zanimljivom životu. Na kraju: zemljak, iz Zalužana kod Banje Luke, gastarbajter s njemačkom mirovinom, specijalist tehnolog u tvornici luksuznih čokoladnih proizvoda, bivši sportaš, šahist… Puno tema za razgovor a ja kao i obično svjetski prvak u slušanju. I ne može biti drukčije, čim bih i ja uspio nešto reći bio je to povod da on nastavi o svojim iskustvima na istu temu.

Ta mi je priča popunila vrijeme do večere, uz povremene, male prekide u kojima sam mogao čitati knjigu koju sam ponio te u vrijeme kratkog intervjua koji je sa mnom napravila doktorica, anasteziologinja na budućoj operaciji. Uz jednu zgodu: Profesor L.K., moj doktor, zamolio me je da kao pacijent budem 'maneken' na pripremi njegovih studenata za kolokvij iz ORL-a. Zašto ne, da mu se odužim što me je primio preko veze i preko reda.

Ja sjedam u stolac za preglede u maloj dvorani za predavanja; profesor u blizini a u klupama 15-tak krasnih mladih ljudi, tko bi rekao da su ta djeca studenti medicine. Petero od njih (od toga jedan nadobudni dečec i četiri krasne cure) pregledali su mi oba uha, 'oba' nosa i grlo, stručno me ispitivali o mojim tegobama i isto tako stručnim rječnikom opisivali profesoru što vide. Bilo je i poučno i zabavno.

Noć mi je počela odmah po ranoj večeri (iza koje se ne više smije jesti ni piti do operacije), prije spavanja sam se (iako sam došao od doma ispod tuša) morao ponovno istuširati i oprati posebnom dezinfeksijskom spužvicom te obrijati dio bedra na koje će sutra kod operacije priključiti neke elektrode. I dobih pripremnu injekciju za bolje zgrušnjavanje krvi kod sutrašnje operacije. Nakon toga sam odmah zaspao, nije bilo ni pola sedam.

Probudila me sestra u neko doba radi mjerenja tlaka, temperature… A onda opet zapadam u plitak san, često polusan. U trenutcima kada se probudim pogledam vrijeme na mobitelu – nikad jutro. Pitam se kako uopće mogu toliko (polu)spavati. U polusnu bljeskovi: ideje, maštarije…

2. *dan*

U 6h ujutro mravinjak, osoblje priprema pacijente i prostorije za vizitu. Onda brojna ekipa na čelu s profesorom prolazi kraj svakoga od nas i dogovara tko će taj dan biti na programu za operacije. Meni vele da sam unutra, ali ne odmah rano jer imaju još neke koji dan prije nisu došli na red. Veselim se da neću na operaciju u petak, što bi značilo cijeli vikend u bolnici.

Oko pola dvanaest dolazi sestra, požuruje me da isključim i ostavim mobitel, polegne me na kolica-krevet i pikne u venu. Zaspao sam prije nego što izguraše kolica iz sobe.

****

Budim se na tren iz anestezije, iznad mene pet-šest osoba i nešto mi govore i smiju se (valjda sve pomoćno osoblje pri operaciji), i sve ženske – nije moglo bolje, sigurno znaju da će me tako najlakše probuditi. Odvezoše me u takvom stanju u 'sobu za buđenje' (očito sobu za intenzivnu njegu). Tu opet zaspah na ne znam koliko dugo. Budi me sestra radi rutinskih 'mjerenja', daje mi vode (tek sada shvaćam koliko sam žedan).

I opet tonem u san, tako još par puta tokom noći. Nemam mobitel i ne znam koliko je sati. Znam da od onda kada mi je sestra rekla da je dva više nisam mogao zaspati nego sam u polusnu registrirao kako obilazi drugo dvoje pacijenata, gledao u strop ili kroz prozor. Ipak u tom polusnu, valjda pod utjecajem ostataka narkoze, bljeskale su svako toliko maštarije, ponajviše erotske.

3. dan

U takvom polusnu dočekam novu graju u šest ujutro. Ovaj puta imam nešto povišenu temperaturu i ne prejake bolove od zahvata ali sestra inzistira i daje mi analgetik. Dok mi je namještala bočicu s sredstvom koje ide kap po kap u venu iskoristio sam priliku da pohvalim sve osoblje na vrhunskoj profesionalnosti i ljubaznosti za skromnu plaću. Gospođa mi je rekla: Da mi je plaća motiv nikad ne bih radila ovaj posao. Ali ipak, bilo joj je jako drago čuti moje pohvale. Morat ću im odnijeti kavu, voće itd. kad budem dolazio na kontrolu.

Tek što je analgetik počeo djelovati druga, mlada i zgodna sestra me diže iz kreveta i vodi 'pod ruku' u moju sobu. Kažem joj da sam sasvim OK, ona veli da me tako mora držati po proceduri (valjda da vide jesam li potpuno 'izišao' iz anestezije). I nije bilo loše to hodanje ruku pod ruku ali je trajalo svega dvadesetak metara hodnika.

Opet živahna priprema za vizitu, nama važnu da saznamo hoćemo li danas doma. Kod prolaza vizite profesor veli da idem kući ali da me prije nego što napiše otpusno pismo želi u svojoj sobi upoznati sa situacijom i dati mi daljnje upute.

Dok to čekam odgovorim na brzinu na SMS poruke Jasenki i dečkima da ne brinu a onda slijedi dugački razgovor s cimerom, koji nije isti dan došao na red i jedva je dočekao da se nas druga dvojica vratimo. Onaj drugi je imao teži zahvat a i mlad je dečko pa mu cimerove priče nisu zanimljive. A ja opet prvak u slušanju.

Još jedno mjerenje tlaka te vađenje krvi radi dodatnih pretraga po profesorovoj uputi. Nakon toga razgovor s njime osobno. Imponira mi njegova jednostavnost, posvećenost pacijentu i nesumnjivi stručni autoritet koji naočigled uživa među suradnicima.

Profesor mi veli da su zahvatom odstranili izraslinu u grlu (tkivo šalju na analizu, rezultat za desetak dana, on na prvi pogled misli da se ne radi o zloćudnom nego o masnom tkivu). Za još jednu jednu izraslinu, koja se vidi na CT-u i koju su napipali, misli da je nastala deformacijom hrskavice grkljana koja tkivo gura prema unutra i koja bi se mogla operirati samo izvana, što ne smatra potrebnim.

Zbog sumnje da je narav učestalih upala grla reumatska (vjerojatno giht) dao je da mi izvade krv i utvrde kako stojim s mokraćnom kiselinom (nalaz u ponedjeljak) i poslat će me na pregled reumatologu. Za probleme koje imam s gutanjem smatra da su 'na nervnoj bazi' i preporučuje razgovor sa specijalistom. Zaključno mi preporuča da skinem dvadeset kila.

Profesor potpisuje otpusno pismo, naručuje me za ponedjeljak na kontrolu i daljnji dogovor u svoju ambulantu u kojoj sam i započeo proceduru. Savjetuje mi da pazim što jedem i da manje govorim (zato i pišem ove sličice) dok ožiljci od 'struganja' ne zarastu (sedam do deset dana).

Oblačim se u sobi, pozdravljam s cimerima (s pričljivim cimerom razmjenjujem brojeve telefona) i izlazim do taksija. Na brzinu izračunam da nisam preko dvadeset sati pio ni vodu a 44 sata (slovima četrdesetčetiri) ništa jeo. Iznenađujem se kako sam to lako podnio. Možda to bude motiv da stvarno pokušam poslušati profesora i skinuti nešto kila.

Sjedam u taksi, doma me čeka Jasenka u teškoj virozi. Javljam joj SMS-om da dolazim, kao i dečkima da sam izišao.

PAR CRTICA IZ (STUBIČKIH) TOPLICA
(Zabilježio 07.11.2019.)

Dragi prijatelji, odlučio sam isprobati plivanje u toplicama. Za vas, naravno, nikakva senzacija (što vam o tome uopće pišem?), za mene važna stvar. Razlozi: Čini se da bi plivanje moglo pomoći da smanjim teškoće koje imam kod hodanja (koje ste svi uočili i nastojite mi savjetom pomoći) i da popravim neke motoričke funkcije, osobito donjeg dijela nogu. A pišem crtice da bih vježbao promatranje i bilježenje kako bi me glava i dalje bolje služila od nogu. Topla voda bi pak trebala pobijediti moj, vjerojatno iracionalni, strah koji zadnjih godina imam od 'hladne' vode (ni 25^0C mi nije dovoljno toplo).

Stubaki su najbliži a bazeni hotela Matija Gubec na Internetu izgledaju OK.

S velikom 'teniskom' torbom punom opreme za bazen u prtljažniku krenuh prvo na Medvedski breg nahraniti Garu. Logičnan izbor je onda ruta do Stubičkih toplica preko Sljemena. Istina, dan je još maglovit pa nije onako lijepo kako bi moglo biti a evo i problema.

Zbog radova na novoj žičari promet je prema Sljemenu za građanstvo zabranjen radnim danom do 16h. Zaštitar na zapreci savjetuje mi da se ne vraćam nego pričekam gradski autobus, koji nailazi za 15-tak minuta, njega propuštaju, i za njim odem gore. Kad bolje pogledam vidim da to i skoro svi uokolo parkirani auti čekaju.

Iza autobusa napravi se lijep konvoj. Tako uz pomoć ZET-a pobijedismo zabranu prolaska na ZETovom radilištu nove žičare. Opravdano; na nekoliko mjesta odloženi su dijelovi konstrukcije budućih stupova, a nigdje se ne može vidjeti da netko nešto radi. To često vidimo i na autocestama: ne možeš razumjeti zašto uopće zatvaraju promet. Valjda zato da narod vidi da se radi i kada se ne radi.

Pri vrhu se magla razišla pa je taj dio puta i silazak od Puntjarke prema Stubakima, sada po potpuno pustoj cesti, stvarno bio uživanje.

Parkirao sam podaleko od bazena i, da mi torba bude lakša, ostavih u autu više stvari, koje će mi kasnije naravno trebati (npr. knjiga koju trenutno čitam).

Na recepciji kupih kartu (može samo dnevna, 50 kn); važna informacija: temperatura vode je $32,4^0$C u unutarnjem a $34,2^0$C u vanjskom bazenu. Dobih 'pametnu' narukvicu koja 'otključava' prepreku na ulazu u bazene i ormarić u garderobi. Pada mi na pamet da su dečki tu riješili zanimljiv tehnički zadatak: sve narukvice otključavaju istu bravu na ulazu a svaka samo jedan ormarić. Moj ima znakoviti broj 69 ali i da nisam sam opet nikome ništa.

Dočeka me gotovo pust bazen okružen ležaljkama. Tek je 13h. Jedan, dva kupača u nekakvoj svojoj samoterapiji. U ležaljkama nešto više ljudi, nekoliko parova, s neizbježnim pametnim telefonima pa nitko nikoga ne gleda.

Shvaćam, ljudi kupili dnevnu kartu (jer druge nema) koju vrijedi iskoristiti pa makar surfajući ili drijemajući u ležaljki.

Počinjem svoj na licu mjesta smišljeni program; nakon razgibavanja u toploj vodi, što mi jako godi, i zaplivah. Teško mi ide. Em je u ovoj mineralnoj vodi teže nego u moru em me noge ne služe najbolje. Nakon svakoga dolaska na drugu stranu poduži odmor.

Uvjeravam se da je već dobro to što sam u termalnoj, valjda i ljekovitoj vodi a i da će svaki puta biti sve lakše.

U dokolici, u tim odmorima, a i u nedostatku zanimljivih osoba (nema 'komada') čitam panoe oko bazena: sauna ta i ta, masaža ta i ta, pedikura... ali mi pogled ipak najviše privlači jelovnik (znate me dobro) hotelskoga restorana koji servira objede i u bazenskom kafiću.

Prošao je moj prvi sat druženja s termalnom vodom. Sada je situacija živnula. Dolazi nekoliko parova, među njima i dvije, tri atraktivne žene, postaje zanimljivije. A onda me iz promatranja prenu snažno dozivanje tik kraj mojega uha; novo pridošli krupni muškarac javlja još krupnijoj partnerici na drugoj strani bazena koju je ležaljku zaposjeo. A onda energično uđe u vodu i započe oštro plivanje udarivši me pri tome petom. Bez isprike; tješim se: sigurno su mi mišići još tako tvrdi da je mislio da je udario u rub bazena...

Atraktivna mlada žena u tangama (nažalost, najveći dio vremena je u vodi) razmjenjuje nježnosti, uglavnom čedno, s nešto starijim partnerom. A onda pokvari dojam; počne bez okolišanja istiskivati prištiće na licu muškarcu čiji hormoni očito začudo još burno rade. Pomislim: istaknuti su znakovi zabrane skakanja u bazen i loptanja, da ne bi trebalo piškiti u vodu se podrazumijeva ali o prištićima ništa ...

Nastavljam 'vodeni' program u vanjskom bazenu. Vodeni topovi snažno masiraju tijelo, valjda će biti neke koristi od toga.

Jedva sam dva sata u bazenu i već mi je dosta. Topla voda očito 'izvlači' energiju, umorio sam se. Onaj vrag da imam dnevnu kartu koju bi trebalo što više iskoristiti mi ne da mira ali me je ipak strah da za prvi puta ne pretjeram. Nemam baš iskustva s upalom mišića uzrokovanom pretjeranim aktivnostima u vodi pa radije odustajem.

Na brzinu se brišem i pravac restoran. Ozbiljna pogreška; zaboravio sam prije toga tuširanjem sprati klor s tijela (to sam učinio tek doma) što mi je pokvarilo veselje, što zbog mirisa što zbog svrbeža, dok uz pivu čekam naručeno jelo. Nisam uopće gladan ali se tješim da sam naručio ručak jer želim 'isprobati' hranu u restoranu, u sklopu cijele akcije 'Toplice'. Nije skupo ali koliko para toliko muzike: kada vratinu narežete na debljinu 2-3 mm onda se na roštilju ili ploči ispeče kao čips… Suzdržavam se od ideje da naručim još jednu pivu; ipak moram voziti u Zagreb.

Na putu prema kabinama vidim natpis sauna. Nema oznake ženska ili muška. Otvorim na tren staklena vrata da vidim kako tamo izgleda (zadnji puta sam u sauni bio prije četrdesetak godina). Imam što vidjeti: na prvoj klupi sjedi gol, pristojno obdaren muškarac (možda egzibicionist), ima samo ručnik na glavi ispod kojega valjda mjerka reakcije onih koji uđu i vreba plijen. Pomislih da je možda tu ipak u pitanju samo visoka temperatura koja pospješuje prokrvljenost krvnih žila u svim dijelovima tijela pa ovdje dovodi do obrnutoga efekta od onoga kad je pimpek u hladnoj vodi.

U svlačionici jedva završih presvlačenje i spremanje stvari u torbu, koja mi je na putu do auta još teža, bit će od umora a i mokrih ručnika i gaća.

Odlučih se za povratak opet preko Sljemena jer cesta od vrha prema Kraljičinom zdencu i Šestinama nije zatvorena.

Sela na putu od Stubičkih toplica do Medvednice iznenađujuće pusta. Premda je već skoro četiri sata izgleda da ljudi još nisu stigli s posla, iz Zagreba, Njemačke, Irske…

Sad je već sunčani dan, nema magle. Zapadno sunce obasjava Medvednicu. Prekrasan pogled prvo na Zagorje a onda na Zagreb.

Stižem doma zadovoljan da je prva faza operacije 'Toplice' uspješno okončana. Sutra ću vidjeti u kakvom sam stanju i odlučiti hoću li već isti dan ići ispitati situaciju u Krapinskim toplicama.

CRTICE OKO VIRUSA I OKO POTRESA
(Zabilježio 22. i 23.03.2020.)

Nedjelja, rano ujutro; uvod u teški dan koji će, vidjet ćemo, biti još i teži

Razdanilo se. Otvaram širom prozor da prozračim dnevnu sobu (to je važno protiv virusa, kažu) i udahnem svježega jutarnjega zraka. Treba mi; još od jučer sam jako tužan. Unuk nam je navršio 15 godina a nismo to zbog korona-krize mogli proslaviti. Onako s maskom, iz auta dao sam mu u prolazu darove da vidi da ga volimo a on je skromno rekao: Proslavit ćemo kad se bude moglo. Na to sam dodao: Janjetinu sam spremio u duboko, neće nam pobjeći.

Gledam sa svoga 15. kata Trešnjevku ispod sebe. Rekli bi Dalmatinci: ni čovika ni pasa! I inače nedjeljom u ovo doba malo je ljudi i prometa tu oko Trga sportova; poneki vlasnik psa kojega je njegov ljubimac rano natjerao van… Tišinu obično poremeti tek pokoji pijani svat koji je izdržao u nečijoj svadbi do jutra pa pjevajući ide iz Panorame, rijetko dostavno vozilo od Klare ili Mlinara ili rani jutarnji autobus iz Voltinoga za Mažuranac … I naravno, od vremena do vremena snažno zvono crkve Sv. Josipa na Placu.

Danas je cijeli kraj nekako sablasno pust. Očito ulazimo u novu fazu borbe protiv koronavirusa. Ljudi izgleda poštuju upute protuvirusnoga stožera (ili su se uplašili policije i kazne); nema ranih šetača ni dostavljača, nema nikoga.

Suludo razmišljanje: Koronavirus umjesto neutronske bombe:

Zadržim se još malo na prozoru. Upijam po tko zna koji puta poznati, prekrasni pogled ali gledajući ovu pustoš dolje svakojake misli mi prolete kroz (reći ćete sigurno ludu) glavu. Jedna od njih: prispodoba te pustoši učinku neutronske bombe. Sjetimo se: To je mala termonuklearna bomba, plod razvoja bolesne znanstvene i vojničke misli, koje ne razara objekte, imovinu nego ih samo kontaminira snažnom radijacijom kojom pak potpuno ubija ljude i drugi živi svijet.

Kao ovo dolje: netaknuta Trešnjevka a nigdje nikoga...

Srećom, par me golubova trgne iz razmišljanja i demantira me - nije sve mrtvo. Što znaju oni o posebnome režimu zbog koronavirusa, idu u jutarnju potragu za hranom.

Ali to traje samo trenutak; razmišljam dalje. Otkuda ovaj najnoviji virus?

Pročitah jučer ozbiljan članak u kojemu autor iznosi i pokušava argumentirano dokazati tvrdnju da nije sve počelo u Kini, od šišmiša ili neke druge egzotike, nego da je virus pobjegao ili ga je netko svjesno poslao (po zaraženim natjecateljima na vojne igre u Wuhan) u Kinu iz laboratorija, koji je cijelu familiju koronavirusa razvio još prije par godina.

A zašto virus, zašto uopće biološko oružje?:

Kao pristaša teorije zavjere/urote pokušavam onda rezonirati morbidnom logikom onih koji su ga lansirali. Pa ne možeš danas nekoga, bez rizika izbijanja globalnoga rata u kojem ćeš i ti stradati, napasti nuklearnim oružjem. Zato nađi virus kojim ćeš u tišini kod neprijatelja izazvati epidemiju te i te gripe, prorijediti mu stanovništvo a učinkovito mu razoriti ekonomiju.

Pri tome ova logika svjesno ignorira opasnost da takve stvari neizbježno izmaknu kontroli, što se čini se dogodilo u scenariju kojemu upravo svjedočimo i u njemu protiv svoje volje sudjelujemo.

Jeste li čuli za riječ propad? Oči u oči sa zloduhom potresom:

Vraćam se u kuhinju i završavam kuhanje današnjega ručka. Stojim uz štednjak i gasim plin kad iznenada tresak i – propad.

Ovu sam rijetko korištenu riječ upotrijebio da opišem osjećaj da mi se tlo ispod mene odjednom grubo spustilo za koji centimetar (!?). A onda se zgrada uz škripu i tutnjavu počela ljuljati (zanimljivo je bi li seizmološki oscilogrami potvrdili ovaj moj subjektivni doživljaj).

Nisam se previše 'prepao' i iznenađujuće sam pribran; vidim svaki detalj. Imam ipak nešto iskustva iz banjalučkih potresa iz 1969. a osim toga vjerujem prilično u armirano-betonsku konstrukciju našega nebodera (kako i ne bih, koliko li sam samo vidia-svrdla potrošio da izbušim u pretvrdom betonu rupe za police za knjige i za sve ono čega bi se J. dosjetila).

Instinktivno činim nesigurni korak i premještam se u (slabašni) okvir kuhinjskih vrata. Bacam pogled na sat: 6,24h. Gledam prema stropu i pratim kako se kutovi kuhinje međusobno približavaju i udaljavaju s nevjerojatno velikim pomacima.

Njihovu geometriju u jednom djeliću sekunde prepoznajem kao skupljene obrve i smrknuto lice nekoga nadnaravnog bića koje izgleda tako kao da se ljuti na mene pa i na sve nas; bit će da je to *zloduh-potres*.

Proleti mi kroz glavu želja da ga upitam koliko će ovo još dugo trajati, koliko će nas još i zbog čega kažnjavati. A on nas samo trese i trese. Nakon desetak sekundi koje su trajale kao vječnost konačno smiraj.

Nestade struje. Na sve strane oglašavaju se neki alarmi. To je u redu, pomišljam, relejna zaštita u trafostanicama je ispravno reagirala i prekinula je napajanje prema potencijalno oštećenim ili razrušenim objektima.

Živi smo i zdravi:

Idem prema spavaćoj sobi da vidim što mi je s J. Potres ju je probudio i srećem je u predsoblju zabrinutu ali ne i uspaničenu; valjda je još pospana. Zagrlim je; živi smo i zdravi, hvala Bogu.

Inventura štete i stanja duše:

Idemo pogledati štetu. Luster u kuhinji otpao je sa stropa (iskočio s kuke!), pao na krletku i strašno uplašio kanarinca. Prevrnula se polica sa sobnim/kuhinjskim biljkama.; zemlje i potrganoga lišća i granja na sve strane. Po dnevnoj sobi moramo oprezno hodati; pod je prepun razbijenoga stakla. Potres je otvorio vrata vitrina sa servisima i kristalom i gotovo sav kristal pobacao na pod. Sreća je da sam bio u kuhinji, kristalnih 'gelera' ima i u najudaljenijim dijelovima sobe. Nekoliko je boca s pićem palo na pod, razbilo se i natopilo tepih (srećom ne i crnim vinom).

Spontano grabim metlu i lopaticu i trpam ostatke vaza, zdjela, čaša … u kante što mi ih J. dodaje. U tom transu gotovo nisam ni osjetio dva nova, nešto manja potresa. Nije me strah; znam ono da se tu radi o smirivanju tla.

Brat, sinovi i unuk zovu da vide kako smo. I kod njih je sve dobro, osim pretrpljenoga straha i slične štete kao kod nas. Vidim moć i snagu te blagodat mobilne mreže. Iako sada sigurno svi sve zovu ipak nema zagušenja a olakšanje kada znaš da su tvoji dobro je neopisivo.

Dok skupljam ovaj ne baš obični krš (bilo je tu i darova iz raznih prigoda, dok je kristal još bio in, predmeta koji su imali svoju povijest i za našu obitelj posebno značenje...) razmišljam o tome zašto je zloduh-potres odabrao i uništio baš, recimo tako, luksuzne stvari (mlađi sin, koji je kat iznad nas i imao je još veće 'ljuljanje', veli da mu je osim 'staklovinja' razbijen je i veliki, moderni televizor).

Možda nam je time zloduh-potres htio poručiti da nas kažnjava jer smo se uzoholili, 'razbahatili'? Ili, kako bi moj prijatelj D.M. rekao, jer smo kao narod zaboravili Isusa i njegove poruke.

Jednako tako, a to sam ovih dana čuo od mnogih sugovornika, pitam se nije li iz istih razloga na cijeli svijet poslan (nebitno od kuda) i koronavirus.

(Prividni) konflikt virusa i potresa:
Dođe struja. Na TV i radiju nema još pravih informacija o potresu; očito je i njih dobro p(r)otreslo pa još nisu sasvim profunkcionirali. Ipak, preko radija ide uputa građanstvu da zbog opasnosti od ponovnih potresa iz stanova iziđu na otvorene prostore.

Pogledam kroz prozor; prije kratkoga vremena sablasno prazne ulice i trgovi odjednom vrve od ljudi. Strah je učinio svoje; nitko više ne pita za sigurni razmak.

I sada ti budi pametan: Radi smanjenja socijalnih kontakata i sprječavanja širenja zaraze budi unutra, izbjegavaj boravak vani a zbog opasnosti od potresa idi van, na otvoreno!?

Konflikt ovih dviju uputa je, ako se složimo da nas netko odozgor kažnjava, onda ipak samo prividan; izgleda da u svojoj 'kaznenoj misiji' virus i potres djeluju u pravoj sinergiji. Pridružuje im se i hladni vjetar koji počinje puhati i nositi rijetke pahulje snijega. Sjetim se Banja Luke poslije potresa u listopadu 1969. Tamo je u roku od dan-dva po razrušenome gradu palo 80 cm snijega …

Odlučujemo ostati u stanu. Tu je sigurnije nego dolje na ulici, nema nam više što pasti na glavu.

Kako je prošao naš Medvedski breg? Kako nam je naš Garo?:

Završili smo prvo zbrinjavanje štete. Premda je susjed Z. s Brega ljubazno javio da je sve u redu i s kućom i s našim Garom sjedamo u auto i idemo gore.

Putem, po Zelenom valu, na Džamiji, Zvonimirovom, Maksimirskom… vidimo pravi opseg razaranja. Pločnici i auti na njima zatrpani su urušenim dimnjacima, dijelovima krovišta i pročelja zgrada. Shvaćamo koliko smo u usporedbi s ovim sretno i dobro prošli.

Usput primamo pozive rodbine i prijatelja ali i šaljemo brojne upite da vidimo kako su oni. Svi su uglavnom živi i zdravi, što nam kaže da se srećom ipak radi o jakome a ne i katastrofalnome potresu.

Susjedi na Medvedskom bregu iznad Markuševca izgledaju nam zabrinuti i uplašeni; nije čudo, epicentar potresa samo je koji kilometar dalje. Iako su u niskim kućama jako ih je treslo a na starijim kućama puno je štete.

Naša Kućica izvana je u redu što je bilo i za očekivati za drvenu prizemnicu na solidnom temelju.

A unutra, stakla do gležnjeva. Moja zbirka pivskih krigla i čaša popadala je na pod. Opet metla i lopatica, dvije kante pune stakla.

Uključujem grijanje i pripremam Kućicu za pričuvni položaj za djecu i nas ako u gradu bude još koji jači potres.

Garu sam još po dolasku odvezao s lanca ali se dugo ne odvaja od nas, želi s nama podijeliti pretrpljeni strah; htio bi da ga ohrabrimo i vratimo mu sigurnost koju je kod potresa izgubio.

A onda ipak odjuri u selo; sigurno želi vidjeti kako su njegovi prijatelji, s kojima se redovito svađa, i kujice oko kojih se mota…

CRTICA O VIRTUALNOM OBITELJSKOM USKRŠNJEM RUČKU
(Zapisao na Uskršnji ponedjeljak, 13.04.2020. –
posvećeno maloj Evi)

O značenju riječi virtualan:

Složit ćemo se lako da je riječ virtualan danas u modi; da se pri tome pomalo promijenilo njeno osnovno značenje (lat. virtus = hrabrost, snaga, vrlina) pa i ono izvedeno, (prema B. Klaiću: virtuelan = sposoban za djelovanje ali skriven; koji se ne pojavljuje ali se može pojaviti u budućnosti…). U tom značenju čuli smo u predavanjima legendarnoga prof. Davorina Bazjanca za metodu virtualnih pomaka u Mehanici…

Sada se, osobito zato što je to omogućio neslućeni razvoj IT tehnologija, pojam virtualan koristi za nešto što je prividno, što se ne može opipati ni vidjeti ali se može zamisliti a u stvarnosti opet postoji i djeluje.

Pa imamo virtualni svijet, virtualni prostor, virtualno okruženje, virtualnu ekonomiju, virtualnu učionicu, virtualne konferencije, pa i virtualno prijateljstvo, ljubav, seks…odnedavno i virtualne muzeje, virtualna kazališta.

A ja izmislio virtualni ručak!:

Vratimo se dakle virtualnom uskršnjem obiteljskom ručku, da se ne ohladi.

Skuhao sam ga kao da će nam, kao i svake godine, nakon uskršnjega doručka doći naši najbliži, najmiliji, sinovi i njihove obitelji. Nakon puno takvih prigoda točno znam što tko voli, ali neću vas daviti s detaljima da opet ne kažete da se hvalim svojim kuharskim umijećem.

Ali ove godine zajedničkoga ručka nema.

Sinovi, a pogotovo snaha (koja aktivno radi u bolnici) su sveli fizičke kontakte s nama na minimum da ne bi slučajno zarazili mamu ili mene koronavirusom (moram ga ovdje spomenuti, nadam se u ovome tekstu zadnji put), pa da s obzirom na to da smo rizična dobna skupina dogodine, ne daj Bože, ne bude ni nas ni uskršnjeg ručka.

A konačno, bio bi to skup sa više od pet sudionika a ja nisam župan ili neki drugi političar pa da smijem kršiti ovu uputu/zabranu stožera CZ.

Jedva sam djecu nagovorio, a da se ne uvrijede, da ću im donijeti ponešto od našeg nesuđenoga zajedničkoga ručka, da bi barem tako simbolički, virtualno bili zajedno.

Kako je u ovim uvjetima vremena na pretek u miru sam pripremio pisanice i ne prevelike, više simboličke pakete koje sam im onako iz prtljažnika, pozdravivši ih preko maske, predao idući na Kućicu Gari. On je pak najbolje prošao; kostiju iz juhe i od janjetine puna vrećica.

I što je ostalo od ideje virtualnoga obiteljskoga okupljanja?

Ne previše. Jedino je unuk P. pohvalio hranu i poslao nam slike kako je doneseno servirao za sebe i mamu. Drugi se još nisu javili.

A mala unučica Eva (5 god.), tužna što nismo bili zajedno, zamolila je mamu da nam u SMS čestitki napiše:

NEKA BUDE ŠTO PRIJE KAKO JE BILO PRIJE!

Napomena:

Nije za očekivati da vas zanimaju naši obiteljski ručkovi pa možda nećete imati strpljenja do ovih redaka. A sve ovo napisao sam samo zbog ove zadnje, dirljive a premudre rečenice; iako će naravno malo toga biti k'o prije. Nadajmo se barem ručak na Uskrs, Božić, Novo ljeto ili nečiji rođendan.

AKCIJA – OD RADNE AKCIJE DO SNIŽENJA CIJENA I BRANJA TREŠANJA

(Zabilježio polovicom lipnja 2020.)

Slušajući i čitajući u zadnje vrijeme o akcijama u robnim centrima, kako danas nazivaju sniženja cijena (a što mi ide na živce), pozabavio sam se izvornim značenjem ove riječi.

Riječ *akcija* ima u hrvatskom jeziku puno značenja; po B. Klaiću: *akcija* (od lat. actio) = *djelovanje, djelatnost, rad, radnja, čin, djelo*. Vidimo međutim da i ona, kao i mnoge druge riječi, u suvremenom govoru dobiva i nova značenja.

A i prisjetio bih se mojega susreta s riječju akcija. Krenimo dakle od početka.

Radna akcija:
Riječ *akcija* sreo sam kao i većina moje i vremenski bliskih mi generacija iz doba poslijeratne obnove kao *radnu akciju*.

Još u prvim sjećanjima maloga dječaka iz Banje Luke vidim mršave muškarce i žene s lopatom na ramenu koji idu pjevajući udarničke pjesme. Pitam mamu kuda idu, ona veli na *dobrovoljnu radnu akciju*.

Kasnije sam od sudionika čuo više o tim akcijama. Bilo je tu i zanosa, elana ali i obveze pa i prisile.

Beara u akciji:
Sljedeći, za mene zbunjujući susret s riječju *akcija* bila je sličica, kakve smo skupljali s kutija šibica

ili malih čokoladica (ne sjećam se točno): Na njoj čuveni Vladimir Beara u svome crnome golmanskom dresu; nadvisio čitav buket igrača i izbija/'boksa' loptu iz svoga šesnaesterca; ispod toga natpis: *Beara u akciji*.

Kakva akcija? Nigdje pjesme ni ljudi s lopatama koji marširaju... Kasnije sam naravno shvatio i uporabu pojma akcije u sportu.

Omladinske radne akcije:

A onda, početkom 60-tih, upoznao sam kao mladi 15-16 godišnji dečko radne akcije kao sudionik tzv. ORA. Bilo je to na gradnji autoputa (danas bismo rekli brze ceste) u Makedoniji i u Srbiji.

U sjećanju su mi ostala višednevna, beskrajno duga putovanja do odredišta (od Banja Luke do Makedonije 3 dana; u svakom većem željezničkom čvorištu čekali smo satima da nam 'prikopčaju' nove vagone s brigadama iz drugih gradova). Jele su se konzerve mesnoga doručka i sardina, spavalo se na drvenim klupama vagona III razreda a kako nije bilo mjesta za sve i gore na policama za prtljagu.

A onda naporni rad po srpanjskoj vrućini; da se spasimo od sunca mazali smo se margarinom a glavu pokrivali kapom od novinskoga papira; alat: kramp, lopata, tačke; prašinu do neba dizali su građevinska mehanizacija i teški kamioni; za gablec bi nam dežurni obično podijelio komad kruha i kuhanu kobasicu kojom bismo 'oprali' prašnjave prste i onako stojeći je uslast pojeli. Gadilo mi se al' sam ipak morao, da ne dehidriram, piti vodu iz zajedničke šalice koju je raznosio drugi dežurni u kanti s pipcem.

Radilo se od 6 do 12h a onda u 'naselje', u naše barake; tuširanje hladnom vodom (druge nije bilo); poslije ručka nogomet na improviziranim terenima na livadi, bez 'golštangi'; koševa ili rekvizita za druge sportove nije bilo.

Navečer bi nam oni koji su nešto znali svirati gitaru ili glumiti priredili skromni program. Estradne zvijezde nisu tada obilazile takve zabiti kao naše Agino selo kraj Kumanova ili Saraorce u Šumadiji da za dobar honorar zabave 'brigadire'.

A potom bih spavao 'k'o top'. Jedanput su me kolege za šalu iznijeli zajedno s krevetom iz barake a ja se nisam ni probudio.

Kao što vidite pišem o ovome s određenom nostalgijom. Bilo je to za mene vrijeme zanosa, idealizma... I ja sam htio dati doprinos izgradnji Autoputa Bratstvo-Jedinstvo.

Kada na to gledam iz današnje perspektive i nakon svega što se dogodilo najradije bih tražio da mi vrate 'moj centimetar' puta koji sam valjda izgradio u dva puta po mjesec dana, svakako barem onaj u Šumadiji; onaj drugi, makedonski ipak bih im 'oprostio', znate već zašto.

Raznorazne druge akcije:

Previše sam se raspisao u prethodnoj točki pa ću sada samo spomenuti a preskočiti komentar bezbrojnih drugih značenja i upotreba riječi akcija: od akcije i reakcije u fizici, akcije/dionice u bankarstvu, humanitarnih akcija, vojnih i redarstvenih akcija/operacija, terorističkih akcija, akcijskih filmova, vladinih i drugih akcijskih planova itd., itd.

Komentirat ću samo još onu akciju iz naslova.

Akcije u robnim centrima:

Danas po već dobro uhodanoj praksi svi dobivamo brdo promotivnih letaka trgovačkih lanaca.

Vidim da susjedi, pa i neki iz moje šire obitelji, pomno prate kada će akcije.

Ključna rečenica je: Od toga do toga dana *imamo na akciji* to i to…

Ovdje bi akcija trebala značiti vremenski ograničeno sniženje cijena nekih proizvoda, a radi privlačenja kupaca u borbi s konkurencijom.

Kako to izgleda u velikom Lidlovom dućanu ispod našega prozora? Ponedjeljkom i četvrtkom kupci, neka se ne uvrijede, 90% žene (uočimo ovdje da usprkos europskim direktivama i zakonu o ravnopravnosti spolova još nije izmišljena riječ za ženu-kupca, možda kupica ili kupačica? Ne može, zauzeto) dežuraju prije otvorenja dućana. A u 08,00h stampedo prema policama s proizvodima 'na akciji', od jeftinih odjevnih predmeta do WC papira.

Rezultat ovoga odavno poznatog marketinškog trika: Prosječni kupac kupi višestruko više proizvoda koji su na akciji nego što mu treba i tako sretan da je uštedio dvadesetak, trideset kuna kupi i robe koju nije kanio kupiti i koja mu trenutno ne treba za još tko zna koliko kuna.

Složit ćemo se da sintagma *imamo na akciji* nije sretno složena ali se, kao što vidimo, udomaćila i funkcionira.

Dodajem na kraju i nešto o još jednoj akciji, akciji naših prijatelja planinara.

Akcija branja trešanja na Medvedskome bregu:
Onima koji nisu bili javljam da je u srijedu 17.06. obavljena vrlo uspjela akcija branja trešanja kod mene na Kućici. Grupa planinara u tradicionalno dobroj organizaciji Štefa D. je nakon jedne ture po Medvednici uz gibanicu, roštilj i vino pokušala obrati trešnju koja je obilato rodila. Nije nas omeo ni potres (onaj 3.1 st. u

17,50h) koji je opet dobro prodrmao Medvedski breg, Markuševec i okolicu. Nitko nije 'pao s trešnje'.

Puno se nabralo i ponijelo doma ali još je više ostalo na trešnji.

Zato ste svi pozvani ovaj vikend ili početkom tjedna u novu akciju; da pokušamo pobrati što više trešanja prije nego što crvi stupe u svoju akciju.

DEDA, OVA VAM JE POVRATNA!
Crtica o doživljaju pred Lidlom
(Zabilježio 26.10.2020.)

Oni koji znaju gdje stanujem znaju i da je ispod našega nebodera veliki, odlično poslujući Lidlov dućan.

Dugo sam ga izbjegavao jer je imao isključivo stranu (talijansku, španjolsku, poljsku, srbijansku…) robu na ponudi.

U zadnje vrijeme pak redovito tamo nabavljam 'spizu/špeceraj'. Prvo, sada nude i hrvatsku robu (pod oznakom: okus zavičaja, ili s hrvatskih polja…) a s druge strane, u uvjetima kada se zbog bolova u koljenima teško krećem tu mi je najbliže.

Usto sam smislio i neka unapređenja: npr. vraćam se s Kućice, parkiram u Lidlovoj garaži, kupim sve za sutra ili par dana unaprijed, puna kolica odguram u neboder, dizalom gore, sve doma istovarim i vratim se s kolicima u Lidl te izbavim auto iz garaže (besplatno 1,5 sat). Kolica mi pritom još posluže ako ortopedsko pomagalo za lakše hodanje i sve je OK.

Tako je bilo i večeras. Uz prazna kolica u povratu ponio sam i kućnu kantu s papirnim otpadom; kontejner za papir je odmah uz zgradu.

Pred zgradom stoje dva dečka. Jedan, dvadeset i koja godina, pristojna izgleda, s gitarom u futroli preko ramena, gleda me staklastim pogledom i dovršava (tko zna koju već) bočicu nekakvoga svijetlog piva. Drugom dečku je neugodno što mu se prijatelj našišao i smješka se, dajući mi znak da bih trebao razumjeti situaciju.

Mislim, kao i obično, da je najbolje sve to ignorirati i prolazim dalje gurajući kolica prema Lidlu.

Čujem, dečko baci praznu bočicu u kontejner a onda je naglo izvadi, potrči za mnom, pruža mi bocu i veli: DEDA, OVA VAM JE POVRATNA!

Prva mi je pomisao ona bosanska: j***o ti deda mater!

Ipak se suzdržim. Razmišljam, dečko u stvari ima pravo: teško hodam, guram kolica, star sam – očito penzioner, a njima svaka povratna boca nešto znači, vjerojatno dečko ima plemenitu namjeru pomoći penziću …

Odmahnuh rukom i nastavih prema Lidlovoj garaži. Ako sam i imao nekih iluzija da ne izgledam prestaro sad sam bogatiji za spoznaju o realnoj percepciji kakvu mladi imaju o mojoj generaciji.

Pričam ovo Jasenki kad sam se vratio gore. Ona se ne čudi. Veli: zato ja ne idem van bez frizure (čekaj, pa ni ja nisam bio odjeven baš kao žicar) i ne nosim smeće.

Ali netko mora kupovati za svakodnevne potrebe i svaki dan baciti smeće, velim, i mislim o varijanti da smeće bacam u gluho doba noći ili još bolje dopodne, kada ovi dečki još spavaju.

OPET POTRES
(Zabilježio 28.12.2020. oko 7h)

Dragi prijatelji,

Znate da sam ranoranilac (ili po novome možda ranoranitelj?) i evo me, kao i svako jutro, u uobičajenim pripremama za novi dan.

Kad ono potres!:

Zatekao me je u pomalo nečasnim prilikama; sjedim na WC-u s obveznom križaljkom pred sobom.

Osjetih dva prilično jaka udara uz tutnjavu i lagano ljuljanje (ipak je ovo 15. kat); objektivno ni izdaleka tako jako kao 22.03. u približno isto doba.

Zanimljivo je, više sam se prepao nego onda; valjda se efekti takvih šokova, od onih banjalučkih na ovamo, negdje u podsvijesti kumulativno spremaju i onda smanjuju moj prag straha. I da se malo neukusno našalim na svoj račun: i da sam se u tom času u***o od straha bilo bi to, s obzirom na trenutnu poziciju u kojoj sam se našao, bez posljedica.

Nije mi puno trebalo da se osposobim i požurim do kuhinje. Tamo je jedina viseća svjetiljka u stanu, moj registrator potresa. Ne opaža baš djelovanje Coriolisove sile poput Foucaultovog njihala ali evo, još uvijek se njiše i nepogrešivo pokazuje da se stvarno radi o potresu.

Pogledam na zidni sat: 06,28h, vrijedi zabilježiti.

U stanu nikakve štete. Jasenka spava snom pravednice; mislim da je ne treba buditi.

Idem do računala. Na jednom od portala već vijest pod naslovom STRAŠNO i podatak, epicentar kod Zeline, jakost 5 st. po Richteru. Već su našli i uplašenoga građanina da im dade izjavu.

A ono, sram ih bilo, na vijestima u 7h na HRT1 dežurni u DGFZ-u objavljuje da je epicentar bio kod Pokupskog – složit ćete se: nije baš ni blizu Zelini. A bijeda od novinara u želji da budu prvi (a vjerujući valjda da se nastavlja serija potresa u Prigorju i da ne mogu fulati ako kažu Zelina) izmisliše vijest. Izgleda da se, otkad je ono veliki par sati prerano objavio da je Ivan Pavao II umro, ovakvi gafovi u medijima toleriraju i brzo zaboravljanju.

Dok ovo pišem (07,50h) opet, ali slab potres. Stolac poda mnom i luster u kuhinji ne lažu.

Jasenka je ustala, već sam je izvijestio o onom prvom potresu; bez panike zaključujemo da smo ovoga jedva osjetili.

Ali svejedno, ipak nam nije svejedno…

NOVO KOLJENO
Slike iz klinike u Lovranu
(Zapisao po povratku u Zagreb, od 08. do10.06.2021.)

Dragi prijatelji,

Svjedočili ste u zadnje vrijeme tome da više nisam mogao hodati bez štapa i drugim mojim teškoćama s kretanjem pa vas sigurno nije iznenadilo da sam, nakon skoro tromjesečnih pripremnih pretraga, otišao na dogovorenu operaciju koljena u Ortopedsku kliniku u Lovranu.

Operacija:

Tu mi je 27.05. u lijevo koljeno ugrađena proteza (tzv. umjetno koljeno). Nakon 12 dana, što intenzivne njege što boravka na odjelu na Klinici, 08.06. vratio sam se doma u Zagreb.

Hodam samo kada je to nužno, uz pomoć štaka. Plan je: odmoriti se i ojačatI radeći zadane vježbe, izvaditi konce krajem tjedna a nakon kontrole i odobrenja liječnika otići u (neke) toplice na rehabilitaciju. Trebat će po prilici dva-tri mjeseca da se počnem normalnije kretati, voziti auto itd.

Moram se dakle oboružati strpljenjem i upornošću. Mislim da će mi u tome pomoći spoznaja da je najteže ipak prošlo. Tu su mi pomogli moji najbliži ali i vaši brojni pozivi podrške na koje nisam uvijek bio u stanju odgovoriti onako kako sam želio.

A kao i obično, ponešto sam od svoga doživljaja cijele ove 'operacije' zapamtio pa bilježim, naravno bez medicinskih detalja zahvata i oporavka.

Život u sobi 18; Nešto o pacijentima iz sobe 18:
Život se odvijao po uobičajenim, rekao bih humanim i ne prestrogim pravilima bolnice. Ritam mu daju požrtvovne sestre a duh trenutna postava u četiri kreveta naše sobe. Napisat ću nešto više o tome.

S obzirom na moj relativno dugi boravak (obični slučajevi poput 'krpanja' meniskusa, križnih ligamenata itd. idu doma nakon tri-četiri dana) imao sam privilegij u četvero-krevetnoj sobi upoznati niz zanimljivih ljudi, u rasponu godina od 20 do 84, iz raznih krajeva. Spomenut ću ih u najkraćem:

Student *Luka iz Rijeke,* malo je govorio, stalno na računalu, spremao je ispit na Pomorskom fakultetu u Rijeci. Aktivni je košarkaš, sada već treći put ovdje; ovaj puta šivanje meniskusa;

Student *Paolo iz Stona,* potrgao križne ligamente na nogometu, ispričao nam je da je Društvo prijatelja dubrovačkih starina napravilo u obnovi Stona čuda (a ja sam zaljubljenik u Mali Ston), što treba doći vidjeti;

Arhitekt *Ante iz Rijeke,* potrgao mišić i Ahilovu tetivu na boćanju, govorio je o tipičnim problemima male arhitektonske firme u riječkoj svakodnevnici;

Robert iz Rijeke, bivši ugostitelj, sada skladištar, došao na 'čišćenje' koljena, zaneseno nam je pričao o svojoj skromnoj kućici, vrtu i barki u uvali Črišnjevo ispod krčkoga mosta;

Nikola iz Petrinje, nekada radnik u predratnom Gavriloviću, sada poljoprivredni umirovljenik (1.300 kn/mj.), operirao koljeno (ni sam ne zna što su mu radili) govorio je o propadanju Gavrilovića i ukupnog gospodarstva na Banovini, samovolji i lopovluku lokalnih moćnika i bijedi obnove poslije potresa;

Ivo iz Banjola na otoku Rabu, vrlo zanimljivi čovjek, penzioner, dobio umjetni kuk, ponosni nastavljač tradicije propale/uništene, nekad jedinstvene tvornice brodskih konopa i bokobrana pričao je s ljubavlju o svome otoku, o tome što još uvijek rade u konoparskom obrtu te sve ono, poput iznajmljivanja apartmana, male poljoprivrede i vrta, kokica, jaja itd. da bi pristojno živjeli. Razveselio nas je izjavom da među ljudima na otoku još uvijek postoji sloga u zajedničkim akcijama, da vlastitim novcem proširuju ceste, da su 'otočnom vezom' riješili struju a iz EU fondova vodu i odvodnju…

Ja sam se ograničio uglavnom na slušanje (znate da sam u tome svjetski prvak) i pokoji komentar, čitanje knjiga i rješavanje križaljki. Nije bilo televizije pa ni rasprave o izborima, nogometu i sl.; dominirale su osobne priče i aktualni, individualni zdravstveni problemi.

Bilo je tu i veselih trenutaka; npr. spomenuti barba Ivo iz Banjola bodrio se, osobito prije operacije, pjesmama popularnih pjevača i klapa; Ne diraj moju ljubav, Prošeći se sa mnom po Kvarneru, Povest ću te na vjenčanje… Pustio bi ih sa svojeg pametnog telefona i gromko ih pratio; tekst mu je išao puno bolje od pjevanja.

A onda je dan, dva poslije operacije kuka došao trenutak, svakome neugodan, da se onako nepokretan trebao pokenjati u 'padelu'. Barba Ivo se jedva dao nagovoriti uz tvrdnju da mu je to najteži, 'najponižavajući' trenutak u životu. Kad je to ipak obavio a sestra otišla, nastavio je s žalopojkama i isprikama nama cimerima.

Ja mu velim: Ivo, što bi na sve to rekao naš Mišo Kovač. On se prihvati telefona; Mišo zapjeva: Pusta su zelena polja gdje smo se voljeli mi... barba Ivo se ubacuje u pjesmu, pa onda u drugu. I sram padele je začas zaboravljen. Mišo Kovač pomaže u svim situacijama.

Ja bih se inače, kad je bila prigoda, našalio s cimerima a s osobljem je bilo teže. Očito im je njihov odgovorni posao i težak, jer pokrivaju puno pacijenata, pa nemaju ni vremena ni smisla za šalu. I tako:

Učinilo mi se zgodnim da (prelijepim) fizioterapeutkinjama predložim da napravu za automatsko savijanje koljena (ubace ti ga u spravu, podese zadani kut pregiba i uključe struju) nazovu *teleskop*. Pitaju me zašto; pa pacijent vidi sve zvijezde, velim. Nije im smiješno, valjda spravu podešavaju na savijanje do granice boli pa moj prijedlog nema smisla.

Vrijeme polusna; mali noćni razgovor:
U predugim bolničkim noćima, osobito u prvim, vrlo bolnim danima poslije operacije, omamljen raznim anesteticima i analgeticima proveo sam dosta vremena u polusnu. To je ono stanje ni sna ni jave, u kojemu umjesto pravih snova imaš 'plitke' sne, poput nekakvih halucinacija, vezane uglavnom za stvari koje se trenutno oko tebe događaju.

S jednim takvim, pomalo šaljivim 'polusnom' završit ću ove svoje dojmove iz bolnice.

Spomenuti student Luka znao je u svome kutu satima tiho razgovarati telefonom. U jedan takav razgovor i ja sam se nesvjesno uključio. Ja u polusnu; do mene dolaze riječi koje ne čujem dobro ali imam dojam da na njih trebam odgovoriti. I tako, Luka govori tko zna što svojoj curi, a ja odgovaram njemu, pojma nemam što. To je trajalo par minuta dok me iz polusna nije trgnuo prekid razgovora. Valjda je Luka rekao svojoj curi da mora prekinuti jer onaj senilac iz drugog kraja sobe priča neke gluposti.

ZAR SU TO MOJE RUKE?
*Nevesela crtica iz Ortopedske klinike u Lovranu
(Zapisao po povratku u Zagreb početkom srpnja
2021.)*

Ležim u bolničkome krevetu. Prije par dana operirana lijeva noga s 'novim' koljenom čini me slabo pokretnim. Ustajem i krećem se uz pomoć štaka samo do WC-a. A za neke promjene položaja u krevetu pomažem si snagom ruku, koje hvataju 'trapez' zavješen na konzoli iznad moje glave.

Tako je i sada, premda ide nešto teže. Čini se da ruke nisu jake kao inače. Pogledam ih i neugodno se iznenadim i upitam: Bože, zar su to moje ruke!?

Mišići vidno atrofirali (u svega par dana!), ruke odjednom mršave. Koža je dobila neku žućkastu, 'bolničku' boju; na podlakticama nikle paperjaste, valjda staračke dlake.

U pregibu lakta i na nadlanici ističu se 'braunile' (to su one igle s 'pipcem' koje ti ubodu u krvnu žilu i tu ih neko vrijeme ostave da te ne moraju svaki čas pikati; pipac omogućava višekratni priključak cjevčica s infuzijom ili transfuzijom).

A nadlanice smrežurane, prošarane staračkim pjegama i plavim krvnim žilama. Okrećem i gledam dlanove. I tu je koža starački naborana.

Razmišljam: Otkud tolika drastična promjena?

Postoperativni nedostatak apetita i skromna bolnička (premda ne neukusna) hrana, naravno nema alkohola ni slatkiša, i evo dobrodošloga skidanja kilograma bez ikakve posebne dijete.

Ali, vidi vraga! Sada se počinje vidjeti ono što se nije vidjelo kada si debeli, kada je sve dobro 'potfutrano i popeglano', kada ti je koža uglavnom glatka i – kada jednostavno izgledaš mlađi nego što jesi.

Neminovni je zaključak: Pa što očekuješ starče od gotovo 76 godina!? Istovremeno skinuti koju kilu da malo rasteretiš koljena a ne izgledati objektivno, primjereno godinama?

I pokušavam potisnuti daljnja razmišljanja o tome koliko ću biti star kada (i ako) konačno 'stavim u puni pogon' novo koljeno i hoću li tada imati pred sobom dovoljno vremena (i snage) da sve isto ponovim s drugim koljenom ne bih li konačno normalno, bezbolno funkcionirao.

PAR CRTICA IZ DARUVARSKIH TOPLICA
(Zapisao početkom rujna 2021. godine)

Dragi prijatelji,

Evo me nakon ugodne vožnje po krasnom vremenu i lijepim krajolikom u Daruvarskim toplicama na propisanoj mi trotjednoj rehabilitaciji nakon ugradnje umjetnoga koljena.

Da mi ne bude sve samo vježbanje mišića i zglobova probat ću opet malo vježbati i opažanje i pisanje. Možda vam štogod od zapisanoga bude zanimljivo.

Pa evo prvih dojmova.

Duboko disanje ne pomaže uvijek:

Na recepciji hotela velika gužva. Očito nas je došlo puno u isto vrijeme. Osoblje radi svojim tempom, na prvi pogled sporo. Sjetim se svoje omiljene da u takvim situacijama 'samo duboko disanje pomaže.' U ovom slučaju ipak ne; preda mnom je zaštitar s maskom koja mu ne pokriva poveliki nos pa nema dubokoga disanja iz epidemioloških razloga.

Ipak je sve relativno brzo gotovo: prijava (rekli bismo 'hrvatski' check in) i ulazak u sobu, prvi pregled kod zgodne doktorice A. i vesele joj sestre S.

Ugodni prvi dojmovi:

Vrlo brzo dobih i karton s pregledom terapija koje mi je odredila doktorica (s detaljima vas neću daviti).

Potrajalo je dok sam iz auta prebacio stvari u sobu (uz doplatu jednokrevetnu). Sa štakama to ide sporo ali sam ipak otklonio ljubaznu ponudu onoga zaštitara da mi pomogne. Pa i tu aktivnost smatram dijelom terapije.

I sve drugo osoblje je vrlo ljubazno (baš onako kako sam slušao o ovim toplicama), puno razumijevanja za sve nas invalide i privremene invalide.

Vrijeme je ručka pa sam i to obavio. Glede hrane: korektno pripremljena ali skromna po količini i izboru (tipično bolnička u okvirima HZZO proračuna) i preporučam je svakome tko želi u kratkom vremenu izgubiti nešto kilograma. S obzirom da i ja to planiram otpala je dilema da uz (neveliku) doplatu jedem u posebnom restoranu po sistemu švedskoga stola.

Poslije ručka a prije prvih, već za to popodne zakazanih terapija idem prošetati (naravno na štakama) parkom oko hotela.

Čudesna tišina parka:
Hotel lječilište Termal smješten je u prekrasnom, ogromnom *Julijevom parku* (po utemeljitelju grofu Juliju Jankoviću iz 19. st.). Kažu da je to jedan od najljepših i najnjegovanijih perivoja u Hrvatskoj. Nije čudo, hrastovi, gotovo svakoga bi jedva dva čovjeka mogla obuhvatiti okružuju i nadvisuju petero katnu zgradu hotela.

U parku, premda je gotovo u centru grada Daruvara, nestvarna tišina koja pomaže da se pacijenti opuste i ugodno osjećaju u šetnji u pauzama između terapija.

Galamom protiv tišine:
A u hotelu živost pa i galama, veća od one koju bi čovjek očekivao od pretežito stare populaciju koja se

tu liječi po 'ortopedskoj' problematici. Prosjek godina (a pogotovo vanjskoga izgleda) ponešto popravljaju mladi sa sportskim ozljedama te žene koje se tu liječe od neplodnosti (ne volim riječ nerotkinje), što je druga glavna referenca Daruvarskih toplica.

Nekako, kad si u srcu miteleuropskog dijela Hrvatske, a to ovaj kraj (zbog prisustva brojnih manjina, prije svega češke) nesumnjivo jeste, očekuješ i takvu *uljudbu*, komunikaciju odmjerenim tonom i primjerenu situaciji.

Ali vraga, gosti su očito od svakud i ne poštuju ta pravila. Već nakon dan-dva morao sam se na to priviknuti ili bolje rečeno s time se pomiriti.

Evo, u restoranu, gdje ne možete birati mjesto nego sjedate za stol koji odgovara broju vaše sobe (što bitno skraćuje čekanje i olakšava osoblju posao), dvije bi mlađe žene rado razgovarale iako su im stolovi udaljeni desetak metara. Nema veze što smetaju dugim gostima, razgovaraju 'daljinski' cijeli ručak.

Sjetim se objeda kod svoga ljubljanskoga dide i kod oca u Banjoj Luci. Tada smo ručali svi zajedno, u jedilnici odn. blagovaonici (a ne kao danas kad tko stigne ili mu padne na pamet, za stolom, šankom ili uz TV seriju). Za objedom bi vladala potpuna tišina; nije se smjelo ni preglasno lupkati beštekom niti srkati a kamo li razgovarati. Sve to prije svega iz osobitog *poštovanja prema jelu kao daru (Božjem)*; bila su to vremena kada se do jela puno teže dolazilo nego danas.

Šteta što je takav odnos prema jelu i objedovanju gotovo potpuno nestao čak i u obitelji a pogotovo u restoranima. Evo, i dva bračna para za meni susjednim stolom uz svaki objed neprekidno glasno razgovaraju, upravo se nadmeću tko će više pričati…

I u zatvorenom bazenu s termalnom vodom slična galama. Nema nas previše ali je buka na granici podnošljivosti. Da se igraju djeca ili mladež – u redu. Ali glavni izvor galame ovaj puta jedan je od pacijenata. Gotovo sat vremena neprekidno zabavlja jedan stariji par do sebe. Akustika je velika pa se nadvikuje sa samim sobom. Prebrojim nas muške; trenutno nas je još devet u bazenu, svi šutimo a on 'melje' neprekidno za svu desetoricu. Čak ni dame ne mogu doći do riječi.

Sada ga malo pažljivije promatram. Nemaš kao govornik previše mogućnosti zadržati pažnju slušatelja kad ti samo glava viri iz vode. Nema tu mahanja rukama i druge gestikulacije. Zato je tu, mora se priznati, izvrsna mimika u rasponu od ozbiljnog lica do osmijeha; 'strijeljanja' očima, markantne obrve dopunjavaju gotovo svaku rečenicu... Izgleda da samodopadni zabavljač osim rehabilitacije operiranog koljena zadovoljava i svoju potrebu da vodi glavnu riječ u društvu a j**e mu se što smeta ostalima.

Ispričavam se. Vjerojatno se neopravdano i pretjerano zalažem za 'lijepo ponašanje' i nepravedno kritiziram ljude u ovakvim uvjetima; pa oni su pacijenti kao i ja, koje boli ili muči ovo ili ono i možda im stvaranje galame pomaže, oslobađa ih negativne energije.

Valjda sam ja preosjetljiv. A ništa nije tako crno niti dramatično kao što biste mogli zaključiti iz prethodnih redaka; dapače ima i puno lijepih stvari.

Lijepi običaj pozdravljanja:
Već prvoga dana ugodno me iznenadio običaj pozdravljanja sa *Dobar dan* svakoga koga sretneš, na hodniku, u dizalu ili restoranu i to po više puta u istom danu; prakticiraju ga gotovo svi osim mladih, koji ga valjda smatraju nepotrebnim ili pretjeranim.

Bože, koliko je to pozdrava, izraza poštovanja i ljubaznosti ili možda samo kurtoazije. Kad bi to htjeli izračunati trebalo bi upomoć vjerojatno pozvati matematičku kombinatoriku i davno zaboravljene faktorijele (!), kombinacije ili varijacije, sa ili bez ponavljanja.

Da ponavljanja ima – ima. Pozdravite istu osobu pet-šest puta u istome danu; važno je samo da ne počnete pozdravljati samoga sebe.

Mobitel naš svagdašnji i u bazenu:

Sigurno nije atraktivna ni pogotovo nije nova tema pisati o prekomjernom korištenju mobitela. Ali evo par situacija iz bazena.

Čovjek nedaleko mene drži se kraja i pomalo vježba; odjednom se prima mobitela i uzbuđeno razgovara. Ne čujem niti slušam o čemu. Valjda mu je velika frka (možda mu padaju cijene dionica na Wall Streetu nakon velike poplave u New Yorku!?) kada, iako do vrata u vodi, ne može odgoditi razgovor. A mobitel mu je sigurno *wasserdicht*, specijalno za toplice.

Pogled mi nadalje slučajno padne na gospođu s druge strane malenoga bazena. Omotala se ručnikom i započela operaciju presvlačenja donjega dijela kostima. Odvraćam taktično pogled da je ne dovodim u neugodnu situaciju. Iznenada se prima mobitela koji je očito zazvonio i ponovno privlače moju pozornost. Mislim, sad će reći drugoj strani ono: nazvat ću za pet minuta. Ali vraga; gospođa nastavlja istovremeno presvlačenje i telefoniranje. Mora se reći prilično spretno. Suhi badić je gore, onaj mokri ižmikan, ručnik odmotan (sve jednom rukom) a razgovor se nastavlja.

Nekad si bila ili bio..., danas si to već manje:

U onom sam bazenu s najtoplijom vodom (37^0 C) s ostalim 'senilcima.'

Odjednom prolazi zgodna preplanula cura u atraktivnom crvenom badiću. Još jedan živi dokaz da je žensko tijelo najveća prirodna ljepota.

Prisutni je muški, koji smo u životu zbog tih lijepih tijela radili svakojake gluposti, pratimo pogledom diskretno već od ulaza u ovaj prostor.

Ali gospođe u vodi reagiraju drukčije. Iako su zbog vježbanja bile okrenute na drugu stranu sve se, tko zna na čiji znak, okrenuše a glave im ispratiše 'komada' kao publika alkara kopljanika koji je protutnjao na konju.

Ne čujem što to uzbuđeno govore ali ne vjerujem da su komentari zločesti. Bliže mi je pomisliti da tu ima nostalgije: E kako smo nekad i mi bile mlade i lijepe, samo se nisu nosili ovako seksi kostimi…

Nažalost, stvarno je veliku većinu tih kupačica bolje zamisliti iz toga vremena nego danas pomnije gledati ta tijela deformirana od tereta godina, rada, poroda, genetike.

Ali mora se priznati da se gospođe ne predaju, da još uvijek – u većini - 'drže do sebe.' Uz mrvu make upa i poneke umjetne trepavice, o frizuri se u teškim uvjetima (dva puta si dnevno u bazenu) vodi velika briga. Nije čudo da lječilište ima frizeraj a nema ljekarnu.

Završit ću ovu vrlo delikatnu temu trivijalnim zaključkom da u ženama te dobi treba tražiti i naći nešto drugo: toplinu, dobrotu, mudrost… što ne bi smjelo biti teško muževima koji su s njima zajedno toliko toga prošli, osobito kad se sjete lijepih zajedničkih trenutaka.

A o našim muškim ćelama i trbušinama neću ništa pisati makar me proglasili muškim šovinistom.

Dječica u školi plivanja:

Iz ovog razmišljanja, dok cijelo vrijeme radim pod vodom neke vježbice za koljeno i mišiće, trgne me dječja vriska.

Povećoj grupi 'kikića' počinje u susjednom bazenu školu plivanja.

Krasno je slušati veseli dječji smijeh, gledati to razigrano 'jurcanje.'

Kakav kontrapunkt sumornom i invalidnom sastavu u našem bazenu…

PAR (NOVIH) CRTICA
IZ STUBIČKIH TOPLICA
(Zapisano sredinom listopada 2021.)

Dragi prijatelji,

Nastavljam rehabilitaciju 'novoga' koljena, sada u Stubičkim toplicama i to samo vježbanjem i plivanjem u toplome bazenu pa nisam u specijalnoj bolnici nego u hotelu Matija Gubec, u svome aranžmanu.

Nešto o putu i hotelu (možda vam nekad bude od koristi):

Preporučam atraktivni put (naravno ako nije neki 'kijamet') preko Sljemena (Dolje, Sljeme, Puntijarka, Stubičke toplice); manje od sat vožnje.

Od hotela s 3 zvjezdice ne treba puno očekivati jer je i cijena pansiona vrlo pristupačna. Ipak, ono što razočarava: nasuprot atraktivnom prilazu preko mostića, raskošno popločanom i s desetcima metara inoks ograda i gelenedera potpuna nebriga o invalidima. Nema obilježenog mjesta na parkingu ni pristupne rampe a u hotelu uopće nema dizala! (Uporabnu dozvolu su očito dobili preko veze!). Do sobe u visokom prizemlju moram na štakama 'svladati' 17 stepenica. Sobe su skromno namještene i opremljene, osoblje ljubazno, hrana kvalitetna i preobilna. Najvažnije: bazeni OK, temperatura vode u prostranom unutarnjem bazenu je $34,5^0$C. Saunu i neke druge sadržaje nisam koristio premda su kao i bazen uključeni u cijenu.

A sada naravno ponešto iz bazena i okolo njega:

Moj je program jednostavan: Naučene vježbe u plićaku, plivanje na drugi kraj, opet neke vježbe i povratak; tako pet šest puta dopodne i nešto manje puta popodne. Nažalost, ono drugo, neoperirano koljeno me sve više boli i ograničava mi i vježbanje i hodanje pa je u 'praznome hodu' još najudobnije obično ležanje u toploj vodi.

Tako je, hoćeš-nećeš, vremena za promatranje oko sebe na pretek.

Još malo o vježbanju; vježbanje u desetercu:

Kada vježbam po navici svaku vježbicu ponavljam deset puta i automatski brojim u sebi. Pa tako ispružim potkoljenicu i malo je zadržim u zraku, savijem nogu u koljenu i privučem je bradi… sve po deset puta. Rezultat? Navika brojenja uvukla se u mene.

Plivam i nesvjesno brojim zaveslaje: jedan, dva… dođem do deset i onda se iznenada sjetim da moram i dalje zamahivati ako hoću do drugog kraja bazena. Jednako tako brojim prve korake po štengama kad idem u sobu pa mi opet sine da moram nastaviti i poslije odbrojanih prvih deset.

A onda za ručkom počnem jesti juhu i automatski brojim žlice; opet jedan, dva, tri… Stani, ima juhe i poslije desete žlice.

Potužio mi se jedan kompić, još dok smo zajedno vježbali u Daruvarskim, da ima isti problem ali da je ipak sve u redu, osim kada je jednom pri seksu počeo brojati pokrete. Kod deset je malo zastao, valjda je htio promijeniti vježbu, ali ga je partnerica iznenadila pitanjem 'Što je dragi, i ti si to bio u toplicama!?'

Kad smo već kod seksa evo nešto o ovdašnjem, 'bazenskome' seksu.

Seks u bazenu?:

Sjedim u vodi na jednoj od širokih stepenica na ulasku u bazen; pridržavam se za rukohvat i polako vježbam. A jedan par, dao bih im pedesetak godina i zbrojeno, podjednako raspoređeno, šezdesetak kilograma viška, držeći se za drugi gelender također vježba, ali čini se neki položaj iz kama-sutre. Muškarac je nekako slabo aktivan ali se ne brani; dama je preuzela inicijativu, mazi ga, ljubi, šapuće mu (vjerojatno svoje tajne želje ili neke poticajne riječi), tko zna što se događa ispod vode...

Završavam s opisom da ne odem iz erotike u pornić. Prizor je pak, zbog opisanih gabarita ljubavnika, više groteskan nego seksi i gledam ga ravnodušno, više da vidim dokle će se zaigrani par usuditi ići. Ipak, da ne ispadnem neki voajer spremam se prekinuti vježbanje i otplivati. Spasiše me oni, iziđoše iz vode put svojih ručnika i odoše, izvjesno nastaviti igru u sobi. Ja pomislih: Ovome sretniku neće ženska sada reći da je boli glava.

Pogledam na zidu velike znakove zabrane (pušenja, loptanja, skakanja u vodu...), nema zabrane seksa pa se ljudi valjda ne vode dobrim običajima našega podneblja nego načelom da je ono što nije zabranjeno – dopušteno. I dalje zločesto razmišljam: Kakav bi grafički simbol zabrane seksa mogao izmisliti neki dizajner a da ga možeš javno izvjesiti.

Iz tih misli trgne me igra drugog ljubavnog para. Podaleko su od mene ali se vidi da su mladi, lijepi i zaljubljeni. Skladno plivaju i vode neku rafiniranu ljubavnu predigru. I ovdje igru vodi partnerica. Nedugo zatim i oni iziđoše iz vode i zaputiše se prema izlazu. Cura prekrasna, u vrlo provokativnim tangama; dečko nabildan, prođoše nedaleko mene. Vidim da dečko ima na bedru tetoviran veliki križ te još niz religijskih motiva. Pomislim: Koliko će taj Očenaša i Zdravo Marija izmoliti ako prizna što je bilo u bazenu.

Razmišljam otkud odjednom tako aktivne ženske a suzdržani muškarci. Odgovor mi se nametnuo kada sam sutradan pogledao sastav vode: vjerojatno minimalna radioaktivnost (nešto stroncija) motivira žene a prisutnost broma smanjuje libido u muškaraca. Nisu li nas, dodajući brom u hranu, pomislim, tako držali pod kontrolom u vojsci i na radnim akcijama?

Dopustite tu jednu digresiju, iz tog vremena terapije bromom. Bar dvojica meni poznatih ljudi, sudionici radnih akcija, potpuno su u roku od godinu, dvije nakon povratka oćelavili. Sumnjalo se da su 'sanitarci' dodajući nestručno brom u hranu obilato pretjerali.

No, vratimo se našem bazenu.

Čini se da uprava nema ništa protiv naprijed opisanih igrica. Vjerojatno je to razlog a ne štednja struje, da je navečer svjetlo u bazenu vrlo diskretno što daje romantični štimung. A u tom se polumraku osim toga ne vidi uobičajena, nevjerojatna parada sala i celulita koja se može vidjeti po danu.

Prokletstvo mobitela i pametnih telefona:
Zamislite ovaj prizor kojemu svjedočim: Vikend je; sve ležaljke oko bazena, njih sedamdesetak, su zauzete. Gledam, svi (osim jedne gospođe koja jede grožđe i jednoga gospodina koji upravo telefonira) imaju pred sobom svoje telefone i gledaju u njih. Već je na djelu ta slaba rasvjeta pa su im lica sablasno osvijetljena svjetlom ekrana. Prizor kao iz neke velike spiritističke seanse. Nitko s nikim ne razgovara niti tko koga gleda. Užas!

Ne treba biti nikakav stručnjak a još manje katastrofičar, pa prepoznati da ovo vodi u propast naše civilizacije, kako zbog efekta međusobnog otuđivanja (rekli bismo nekad alijenacije) ljudi tako zbog sadržaja koji im se nude i koje gutaju sa svih tih portala, blogova, fejsova...

A ako me pitate što bih od naprijed opisanoga predložio mlađoj populaciji u bazenu: seks ili buljenje u pametni telefon, znate moj odgovor.

Kad krkan telefonira:

Dojam o rečenome pojačao mi je jutros (prošao vikend, bazen skoro pust) čovjek koji obavlja iz ležaljke niz vrlo glasnih telefonskih razgovora. Valjda kao gazda uživa iz ugode toplica davati daljinske upute nekim šljakerima, koji ga vjerojatno od buke miješalice za beton ne čuju dobro.

Za njega nema veze što šarmantna trenerica počinje 'Aqua fitness' za malobrojne senilce i njihove unuke, Krkan još nije završio, on i dalje telefonira.

Svadba u hotelu:

Hotel je inače prepun uputa za poštivanje epidemioloških mjera koje je propisao HZJZ. Da vas ne davim, netko je natukao dobre novce za silne naljepnice, upute, upozorenja ...

A onda u subotu, u prigodno uređenom hotelskom restoranu, raskošna svadba s oko 150 sudionika, s odličnom i naravno preglasnom muzikom, prekrasnim mladencima, kumovima, barjaktarima i drugim svatima. Ljudi se svi poznaju, srdačno se pozdravljaju, ljube i grle (napominjem: gledao sam, naravno, samo prolaz svatova kroz hotelski lobi); tko te pita za epidemiološke mjere.

Toplo se nadajmo da koronavirus ne stanuje tu kraj bazena, u atmosferi sumpora, klora... i da neće biti povećanja broja novozaraženih u Krapinsko-zagorskoj županiji zbog ove svadbe. Poželimo to mladencima (pisalo u najavi ispred dvorane Petra i Damir) *kao i svaku sreću u životu.*

NOSTALGIJA

CRTICE IZ (MOJIH) MLADIH DANA
(Zapisao koncem srpnja 2020. u Zagrebu)

Dragi prijatelji,

Izvrsna autobiografska knjiga nobelovca *Eliasa Canettia 'Spašeni jezik'* (preporučio mi je i posudio dragi prijatelj B.), u kojoj se autor kroz niz kratkih pričica pokušao sjetiti brojnih detalja, pa i onih najjednostavnijih, iz svoga bogatoga i zanimljivoga života, potaknula me je da se okušam u sličnome žanru. Ne naravno da bi me netko jednoga dana kandidirao za kakvu nagradu nego da aktiviram mozak i vježbam pisanje.

Prva takva crtica bila je, sjećate se, ona o akcijama.

Evo sada nekih sjećanja na kulturu u Banja Luci (stariji Banjalučani bi rekli Banjoj Luci) iz mojih dječačkih i mladalačkih dana.

Mjesto i vrijeme događaja: Dom kulture u Banja Luci, početkom 60-tih godina prošloga stoljeća.

Banja Luka je u to doba 'prijestolnica' BiH kulture. Poduzetni lokalni kulturnjaci uspijevali su osigurati da se gotovo svako značajnije gostovanje ili događaj nakon Zagreba ponovi i kod nas.

Sjećam se nezapamćene gužve za ulaznicama za koncert tada slavnoga kvarteta Les Quatre de Paris (a čini mi kasnije se i još slavnijega The Platters); nisam uspio kupiti kartu.

S koncerta pijanistice zvučnoga imena i svjetskoga ugleda Monique de La Bruchollerie pamtim njene virtuozne, dugačke prste nakićene skupim prstenjem i još jedan ne baš slavan detalj: svi smo pomno pratili kada će nam profesorica naše muzičke škole, koja je sjedila u prvome redu, dati znak da smijemo pljeskati kako ne bismo s aplauzom 'uletjeli' prije kraja kompozicije.

Ivo Robić je pak na svome koncertu do delirija doveo publiku kada je u šlageru Meksiko, Meksiko (sjetit ćete se: u originalu ga je pjevao Luis Mariano) držao zadnju tenorsku frazu preko 1 minutu (tada je to bilo u modi).

Koncert velikoga jazz orkestra Bojana Adamiča:
Ovog se koncerta često sjetim, poslije će vam biti jasno zašto.

Pred nastup pitaju sramežljivo novinari tada neprikosnovenoga dirigenta, aranžera, kompozitora itd. Bojana Adamiča kako to da smije svirati jazz kada to drugi ne smiju.

Adamič veli: Nisam uzalud u partizanima na ramenu nosio Bredu (taliijanski mitraljez) da bi mi danas drugi određivali što smijem a što ne smijem svirati.

A meni danas pada na pamet što je bilo s onima koji su poslije rafala njegove Brede mogli slušati samo anđeoske zborove.

Vokalna solistica bila je Marjana Deržaj, uz Beti Jurković tada jedina 'službena' Yu pjevačica zabavne glazbe.

Orkestar i Marjana izvode šlager Kazanova/Casanova; Marjana pjeva: Casanova, javi se, Casanova javi se! Glazbenici (ispred svakoga mali zaslon kao u američkim filmovima o Glennu Milleru ili Benny Goodmanu) odlažu instrumente i pjevajući ponavljanju refren: *Čili mini čići, čili mini čiči, čili mini čići,* itd.

Ne mogu se načuditi što bi to ovaj (za moje tadašnje poimanje idiotski) refren mogao značiti a još više da dvorana skače na noge od oduševljenja; najžešći je naš profesor tjelesnoga (fiskulture), popeo se na stolac i viče: Još, još!

Pouka 1: Puku je valjda trebalo oslobođenje od obveznih borbenih i od komesara propisanih narodnih pjesama pa mu je i *čili mini čiči* zvučalo fantastično;

Pouka 2: Ne mora u šlageru sve u tekstu biti pametno, važno je da je pijevno. Ipak je to samo zabavna glazba.

Kasnije smo se naslušali raznih *šubi dubi dubi, šala laj leo, laj laj laj laj laj la, čin čin čin, tupa ta luba luba,* a ja, kada to čujem sjetim se toga davnoga koncerta i svoga čuđenja kad sam ozbiljne ljude čuo kako pjevaju *čili mini čići, čili mini čiči…*

KRATKA PRIČA O UŽASU PRVIH BIJELIH POLJA
(Pisano u Zagrebu, 12. veljače 2020.)

Uvod:

Nakon puno vremena sreo sam prijatelja V. iz osnovne škole. Vratio se poslije niza godina liječničke prakse u Njemačkoj, otvorio privatnu ordinaciju tu u Zagrebu i dobro mu ide. Sad je, kao i ja, u penziji ali i dalje radi.

Pitam ga kako se odlučio za Zagreb. Nije se želio vratiti u Bosnu, veli, tamo je nesigurno a niti u Novi Sad gdje je nekad radio, tamo se teško živi pa privatna ordinacija ne bi funkcionirala. Zagreb je ipak Europa a i dovoljno ljudi si može priuštiti privatnoga doktora.

I sve je u redu ali mu smeta i strah ga je od jačanja ustaštva u zadnje vrijeme. Rado bi sa mnom o tome otvoreno popričao. Ti si, kaže V., 'crveni', tvoji su bili partizani…

Ja velim da stvari baš ne vidim tako, da mislim da se to prenapuhava i preuveličava, a on se čudi.

Dobro, dođi k meni doma kažem. Žena mi je na putu pa možemo do mile volje pričati pa i to pitanje raščistiti.

Užas prvih bijelih polja/kockica:

I evo njega za koji dan. Pričamo o svemu i svačemu, u početku ponajviše o školskim danima u Banja Luci (stari Banjalučani bi rekli u Banjoj Luci) i sudbinama naših brojnih protjeranih kolegica i kolega.

Polako mezimo, kako je to u Bosni običaj a prijatelj počinje svoju priču o ofenzivi ustaške simbolike, o 'Za dom spremni' i početnom bijelom polju u grbu na svakom koraku. Kao domaćin, tako je to u Bosni normalno, samo slabašno mu proturječim ali ne pomaže. V. polako pada u vatru.

Odjednom se smrkne i komentira: Evo vidi,

i ovaj pršut počinje bijelim poljem (hoću reći slojem), a i puno je više bijelih kuglica mozzarele u odnosu na crvene rotkvice. Slušam to s nevjericom a onda uz priču o starim vremenima nastojim skinuti što više onoga bijeloga, masnoga s pršuta (pravdam se da je to radi zdravlja) i pojesti više mozzarele nego rotkvica ne bih li nekako uklonio tu provokaciju.

Ali prijatelj je sve kritičniji. Pada mu u oči i oznaka 'okusi zavičaja' na tegli krastavaca; zar ne vidim da i tu dominiraju bijela polja.

Serviram omiljenu mi Velebitsku. Hvalim je zbog izvrsne ličke vode ali i tu sam fulao. V. veli da to pivo ne pije jer je na naljepnici i grb s prvim bijelim poljem. Taj je detalj toliko sitan da ga dosad nisam zapazio, kažem, moram po povećalo. Pogledam, priznam i u sebi mislim: stvarno je lukav je taj Starčević iz Pazarišta, dobro je prošvercao 'ustaški' grb.

Ništa, vadim iz frižidera neutralnu Žuju. Kažem da mi je žao što nemam Heineken, koji bi mu sigurno najviše odgovarao, ali ne spominjem mu da ga ja ne kupujem zbog crvene petokrake.

Sada je prijatelj već sumnjičav i prema meni; počinje pažljivije razgledavati sobu. I gle, tamo visi slika Markova trga. Na krovu crkve naravno hrvatski grb s prvim bijelim poljem. Pa tako je u stvarnosti, velim. A ne, kaže V., da je slikar bio pravi mogao je iskoristiti umjetničku slobodu i zamijeniti boju polja. A vidi i one knjige na polici; onaj tamo red počinje s knjigom u bijelim koricama...

Šutim, žao mi je da se prijatelj osjeća neugodno. Jer tuži se, to je postalo globalno. Pokazuje mi dimnjak toplane koji se lijepo vidi s našega prozora. I veli: Na HEP bi se trebalo ugledati, pogledaj: one oznake upozorenja za avione pri vrhu uredili su kako treba, gore i dolje jasno crveni pojasevi/prsteni a između bijeli. Doduše, veli on, možda je I to podvala; državna firma označi kako treba a ostali guraju ustaška bijela polja prema van.

Skoro se predajem. Prijatelj srećom mora na WC, piva čini svoje. Pratim ga kroz predsoblje. Na vješalici moj omiljeni navijački šal. Čekaj, zastane on, pa i tebe su zaludili, zar ne vidiš da kockice počinju s bijelim poljem. Stani prijatelju, to je na ovom kraju šala, pogledaj drugi kraj. Ne pomaže...

Prijatelj izlazi iz WC-a i više ljut nego što se ispričava što je malo popiškio dasku veli da je to zato što ga je dekoncentrirao rezervni toalet-papir. Ima tu i bijelih i ružičastih rola ali su naravno tako složene da kup počinje s bijelom rolom. Strašno.

Vidim da sam prijatelja razočarao jer sam se dao i ja navući na veličanje ustaške simbolike prvih bijelih polja. Razumijem ga da hoće doma.

Pratim ga do dizala. Lift stiže; neugodno mi je zbog nekakvog smrada u kabini, valjda je neki susjed vozio smeće u otvorenoj kanti. Htio bih uključiti ventilaciju ali jao. Ispod gumba za katove dva su gumba, bijeli za ventilator, crveni za alarm. Bijeli je naravno gornji. Sada već i sam sumnjam u zavjeru a i da sam i ja zavjerenik jer nisam tražio da se boje ili raspored gumba promijene...

Tako u pomalo napetoj atmosferi stižemo na parking. Pitam ga kako to da još uvijek ima njemačku registraciju. Zgodnije mu je, veli on, skočiti malo do Münchena nego u Auto-Siget. Valjda ne želi, mislim ja, uplaćujući registraciju ovdje potpomagati jačanje ustaštva.

Epilog:
Nakon ovoga susreta još smo se neko vrijeme družili, uključili smo u to i naše žene: vikendica, Sljeme, Snježna kraljica, koncerti, kave …

Izgleda ipak da me je prijatelj cijelo to vrijeme pomnije promatrao (a i pribavio dodatne informacije o meni), protumačio si da ja više nisam onaj 'crveni' iz osnovne škole nego sada 'okorjeli konzervativac, desničar' koji podcjenjuje i prešutno tolerira jačanje ustaštva u Hrvatskoj.

I druženje je odjednom prestalo. Po onom obrascu: Znaš, sada idemo na godišnji, nazvat ću te kad se vratimo pa ćemo se dogovoriti da se vidimo... I naravno, nije me više nazvao.

A ni ja njega. I nije mi žao zbog (ne)druženja. Žao mi je samo što mu nisam stigao postaviti pitanje je li se pokajao što je odabrao Hrvatsku i Zagreb kada se vraćao iz Njemačke a ne npr. Beograd, gdje nema ustaša.

Napomena:
Inspiraciju i poticaj da napišem ovu kratku satiričnu priču, mješavinu stvarnosti i fikcije (na kojoj se ispričavam starom prijatelju) dobio sam čitajući simpatičnu priču Jaroslava Hašeka „Veleizdajnička afera u Hrvatskoj, Recept za proizvodnju veleizdajnika naveliko" (iz knjige 'Ljubav u Međimurju, Priče iz Hrvatske i okolice'), pisanu 1909. godine.
U satiričnom tekstu Hašek piše kako u operaciji traženja državnih neprijatelja po direktivi vlasti i po

svaku cijenu, nakon pretresa i premetačine austrougarska policija izvještava nadređene što je inkriminirajućega nađeno kod 'sumnjivaca': „ ...Kod prve osobe: džepni nož s crvenom drškom i bijela košulja a s obzirom na to da optuženi ima plave oči, te boje čine zajedno slavensku trobojnicu. "

Zamislimo se malo, zar ne sliči ovome (nakon preko stotinu godina i u demokraciji a ne u apsolutističkoj KundK monarhiji) i aktualna kampanja traženja ustaša i (pro)ganjane prvoga bijeloga polja u Hrvatskoj!?

CRTICE S MIROGOJA
(Zapisao u veljači 2020.)

Ja opet na Mirogoju; umro je kolega, nekada Končarevac. Na ispraćaju kao i obično, poslije dugo vremena vidim poznata lica.

Moja treća dimenzija:
Gotovo svaki koji me odavno nije vidio pita jesam li se to nekako udebljao. Odmah priznajem: Jesam; prije sam imao visinu i širinu a sada dobih i *treću dimenziju* – dubinu. Neki to zovu debljina, vidljivo osobito iz profila.

Ispraćaj:
Nakon prvoga dijela obreda krećemo prema grobu. Muškarci za križem. Tako manje-više spontano slažemo dvored (trored, četverored) u kojem ćemo doći do mjesta ukopa. Prepustiš li se ovdje slučaju može te zapasti netko nepoznat ili pak poznat čovjek s kojim nemaš o čemu razgovarati. Zato biram red u kojem je stari prijatelj, nekadašnji suradnik, šef proizvodnje u ondašnjoj tvornici.

O pokojniku prijatelj i ja više ne razgovaramo; prije početka ispraćaja već smo saznali od čega je umro, kakvu je obiteljsku situaciju ostavio… Sada se pak tiho, uzajamno raspitujemo o zdravlju, o našim obiteljima, o tome čime se bavimo u mirovini, o zajedničkim poznanicima i kolegama. Nismo se dugo vidjeli pa ima puno toga i za pričati i za slušati.

Prijatelj vidi da teško hodam pa mu moram ispričati priču o problemima s koljenima. Velim mu da bih najradije otišao do groba najkraćim putem i tamo pričekao povorku ali da to ipak ne bi bilo u redu.

Primjena načela najmanjih/najkraćih (transportnih) putova u praksi:
Pri tome mi odjednom pada na pamet kako smo nekad (ima tome skoro četrdeset godina), unapređujući proizvodnju električnih sklopnih aparata, prijatelj i ja uz pomoć Končarovih stručnih službi i viših šefova, zajedno uvodili napredno upravljanje skladištem. Izgradili smo tzv. visokoregalno skladište ogromnoga kapaciteta. Dijelove/poluproizvode potrebne za završnu montažu naših aparata odlagao je operater 'jurcajući' uz regal gore dolje na kompjuterski vođenoj platformi, po osnovnom načelu: najmanji/najkraći transportni putovi.

Smješka se prijatelj i veli: To je bila revolucija; nakon pedantnoga Končar (ex. Siemens) odlaganja dijelova i poluproizvoda po logičnim grupama i cjelinama došlo se do njihovoga odlaganja na prvo slobodno mjesto. Dobilo se puno na vremenu a da ne bude pogrešaka omogućilo je i pobrinulo se računalo i 'broj dijela' svake pozicije ili sklopa. Nepogrješivo je robu slalo na prvo slobodno mjesto i naravno po nju kada bismo je izuzimali.

I tako odlutasmo nas dvojica hodajući 'za križem' u tvorničku povijest.

Ali sjetih se, ovo načelo najkraćih putova je kod mene, otkad me muče koljena, i danas vrlo aktualno. Parkiram što bliže kući, put do doma biram poprijeko, preko ulice ili travnjaka kako bih 'zaštedio' kojih par (bolnih) koraka.

A u stanu sam ovo razvio do perfekcije: Krenem li od spavaće sobe prema kuhinji ili radnoj sobi ili obratno znam sve što trebam obaviti i nosim sve sa sobom. Nema veze što neke usputne aktivnosti nemaju nikakve veze jedna s drugom. I sve uglavnom funkcionira.

Zaključujem, nije svako zlo za zlo: Kada te noge ne služe dobro glava mora raditi k'o kompjutor u našem 'visokoregalnom' skladištu.

Oproštaj:

I zaboravljajući tako u priči bolove u koljenima stižemo do groba. Spontano se u mislima vraćam pokojniku, zajedničkim situacijama i trenutcima koje smo imali na poslu u Končaru. Odjednom mi je, trenutak prije nego što ćemo se od njega zauvijek oprostiti, bliži nego što je inače bio. I premda smo već stari oko mi malo zasuzi.

A moja četvrta dimenzija?

Trgne me iz tužnih misli velečasni; poziva da se pomolimo za prvoga od nas koji će otići za pokojnikom.

Tko zna koliko još imamo *četvrte dimenzije* – vremena!?

Gledajući koliko sam u zadnje vrijeme često na ispraćaju svoje i bliskih mi generacija na Mirogoju i Krematoriju - vjerojatno ne puno …

CRTICE IZ ŠAHOVSKOGA KLUBA
I OKO ŠAHA
(Zapisao oko Velike Gospe 2020.)

Uvod:

Kao što sam najavio i započeo s prvim takvim prilozima nastavljam sa sjećanjima iz raznih faza svoga, sada već prilično dugoga a ne može se reći i po nečemu značajnoga života – opet ponajviše zato da bih aktivirao memoriju i vježbao suvislo pisanje. Zato obvezna molba: Nemojte ovo što pišem shvatiti preozbiljno.

Sjećanja na 'šahovsku' fazu skupljam u glavi već dugo; bilo je to ipak dosta davno, puno toga je izblijedilo ili palo u zaborav ali ih je ipak bilo vrijedno truda zapisati; taj period je značajno utjecao na moje konačno formiranje kao osobe i na moj daljnji život. Zato će vam se možda ovaj tekst učiniti previše osobnim, autobiografskim.

Banja Luka; Šah u djetinjstvu i u gimnaziji:

Kad sam bio dečko u Banjoj Luci šah je bio u modi. Igrali su ga i mladi i stari. Početkom šezdesetih godina bilo je u našoj 'raji' (u našoj i susjednoj ulici) u mojoj i bliskim generacijama nekoliko vrlo talentiranih igrača. Ponosili smo se da je naš Željko Banušić (danas liječnik neuropsihijatar, dr.sci. u mirovini, inače otac Končareve suradnice, arhitektice Sandre iz Pronada) bio omladinski doprvak Jugoslavije na prvenstvu u Skopju šezdeset i neke.

I u gimnaziji smo puno igrali, zabavno je bilo kada bi naša repka obično nadigrala ekipu profesora, koji su također rado šahirali.

Ja pak, zauzet drugim sportovima i vožnjom biciklom nisam šah 'učio iz knjiga' pa je moj napredak bio skroman. Dečki koji su se upisali u šahovski klub puno su brže napredovali. 'Izluđivao' me je moj vršnjak S. J. koji je odlično igrao šah 'na slijepo'. U susjedovoj bašti popeo bi se na drvo, brao i jeo jabuke i istovremeno mi diktirao poteze (naravno da smo svi već znali šahovsku notaciju). Ja bih dolje na travi imao šah pred sobom i trudio se iz petnih žila ali me on me redovito pobjeđivao.

Šahovski klub u B. Luci nosio je u to vrijeme ime moga pokojnoga ujaka Nikice Pavlića, predratnoga intelektualca i idealista, partizanskog novinara, prvoborca tragično poginulog u ratu i odličnoga šahista, koji je 30-tih godina na prvenstvu Kraljevine Jugoslavije u Banja Luci osvojio drugo mjesto (iza poznatoga Petra Trifunovića a ispred Bore Totha i drugih).

Mama, ponosna na svoga brata, poželjela je da se i ja ozbiljnije bavim šahom i darovala mi je vrlo poučnu i zabavnu šahovsku knjigu 'Igra miliona', Dragoslava Andrića, koju imam i danas.

Autor je, kako bi mladež motivirao na učenje šaha, uz osnove igre i uz niz šala i karikatura vezanih za šah i šahiste naveo i puno prekrasnih partija šahovskih velikana te poznatu misao jednoga od njih da, nakon što te partije pogleda, svatko poželi tako igrati i pomisli da bi mogao biti svjetski prvak. Ni ja nisam bio iznimka.

Zagreb; Šah u studentskim danima:
Po dolasku na studij nisam se razumljivo kao brucoš bavio šahom; trebalo je biti redovit na nastavi i učiti a, što je za mene bilo puno teže, snaći se u novoj

sredini toliko različitoj od rodne mi Banje Luke, što mi je samo naoko išlo dobro.

Isprva mi je jedini kontakt sa šahom bilo 'kibiciranje' partija uvijek istih žestokih suparnika (kasnije sam shvatio ipak samo šahovskih 'naturščika') u prvom katu Studentskoga centra u pauzi za ručak.

A onda jedan dan na ETF-u simultanka legendarnoga šahovskog komentatora, međunarodnoga majstora Braslava Rabara. Nedugo iza toga u Studenstkom centru simultanka međunarodnoga majstora Dražena Marovića.

Simultana utakmica (kraće: simultanka) je kada majstor igra istovremeno protiv više igrača (protiv svih ima bijele figure) tako da idući u krug na svakoj ploči povuče jedan potez a ti imaš vremena za svoj odgovor do njegovog ponovnog dolaska.

Uspio sam se oba puta 'ubaciti' u onih tridesetak studenata protivnika i u oba slučaja remizirati, na što sam bio osobito ponosan.

Reakcije majstora bile su različite: Inače smireni Braslav Rabar bio je ljut (i sav se dodatno zacrvenio) što u materijalno podjednakoj konačnici nikako nije mogao realizirati prednost lovačkog para nad mojim skakačima/konjima.

Dražen Marović je pak đentlmenski (i objeručke) prihvatio moj prijedlog za remi(s) u poziciji gdje sam u topovskoj konačnici imao pješaka više ali na istoj strani.

I tako bi to vjerojatno, što se šaha tiče, išlo od jedne prigode do neke druge da me nije kolega s faksa M. D. jednoga dana odveo u šahovski klub Mladost na adresi Račkoga 3/III da vidim analizu njegove partije u kojoj je kao predstavnik ETF-a pobijedio više kategoriziranoga igrača s PMF-a na momčadskom prvenstvu Sveučilišta.

Nešto me je tu opčinilo, možda to da sam uživo vidio niz poznatih igrača koji su partiju analizirali ili to što me nisu, ne poznajući me, odmah isključili iz analize nego sam i ja nešto mogao reći o partiji.

Uglavnom, već sutra sam se upisao i počeo dolaziti, u početku povremeno a kasnije redovito, često od otvaranja u 17h pa do zatvaranja u 23h, nedjeljom od 08-13h.

U šahovskom klubu Mladost:

Stari gosp. Petrović kojeg smo zvali Domaćin, u crnoj kuti, spretno se nosio s nekad prebučnim igračima i autoritativno održavao red. Nudio je jedinstvene sendviče: prerezana žemlja s najtanjom, gotovo prozirnom šnitom parizera. Pivu (tada joj još nisu tepali žuja) nisam pio, bio sam u to vrijeme zadrti antialkoholičar.

Brzo sam našao protivnike podjednake snage, koji su htjeli igrati sa mnom. Igrao se uglavnom 'cuger' (brzopotezni šah na 5 minuta po igraču). Jače protivnike mogao bih dobiti za igru samo ako bih pristao igrati za novce, što nikad nisam radio iz poštovanja prema roditeljima koji su nas teško uzdržavali, u jednom trenutku čak nas troje na studiju u Zagrebu.

A neki amateri, moje snage, gubili su velike novce igrajući protiv jačih igrača; tada je to bilo 100 dinara ili slično po partiji. Sjećam se zgode s jednim takvim; hvalio se glasno kako je gubio cijelu večer protiv majstorskoga kandidata tog i tog ali da je pritom uživao u tome što je igrao s tako jakim igračem. Sluša to jedan drugi majstorski kandidat pa mu veli: Ponesi sutra lovu pa uživaj protiv mene koliko god hoćeš.

Neki se jaki igrači nisu spuštali na tu razinu da za novce igraju s nama 'pacerima' ali je bilo i drugih primjera. Jedan je majstorski kandidat našao 'pacijenta' koji je uvijek tvrdio da je u (redovito izgubljenoj) partiji dobro stajao i napravio je s njime ovakav aranžman: Partija se igra po 100 din. Ako naivac misli da je u nekoj poziciji propustio odigrati bolji nastavak 'ura' se zaustavlja i odigrava se varijanta po njegovoj želji; svaka takva dodatna analiza je po 50 din. Kad mu na ploči jaki igrač dokaže da bi ga i u toj varijanti pobijedio dobiva svojih 50 din., vraća se pozicija od prije te analize, sat se ponovno pokreće itd. Ukratko, nadobudni 'pacer' bi po partiji znao izgubiti i po nekoliko stotina dinara, što je za nas studente bio veliki novac, ali njemu očito nije.

Priča je slična zgodi velikoga Aljehina. Taj je navodno jednom visokom časniku, zaljubljeniku u šah ali slabome igraču koji mu je dodijavao rečenicom: Eh, da je meni sada ova vaša pozicija... ponudio da se zamijene; okrenuli bi ploču, Aljehin bi opet preokrenuo situaciju u svoju korist i tako po nekoliko puta dok pacer ne bi konačno predao.

I još jedna simpatična priča: Onda student prava J. P., donedavno ugledni sudac u svome Šibeniku, sada vjerojatno u mirovini, dosjetio se da bi mogao zarađivati večeru u drugom šahovskom klubu, 'Zanatlijski' na Mažurancu (gdje su nudili odlične kuhane kobasice) i to igrajući protiv dobrostojećih obrtnika a slabih igrača. Kada je diplomirao pozvao nas je tamo na malu feštu na kojoj se zahvalio i ovim 'sponzorima', s kojima je igrao 'po kobasice' i rekao: E, lipi moji, izija sam van ja ovdi kobasica - odavde do Šibenika!

Moja skromna šahovska karijera:
Da bih napredovao i mogao sudjelovati u tzv. kategornim turnirima morao sam početi učiti šah iz knjiga, kojih sam prilično nakupovao od skromnoga studentskog džeparca. Kasnije sam, kao i za druga

područja, stvorio respektabilnu šahovsku biblioteku. Neke knjige stigao bih samo otvoriti i pogledati naslove.

U početku sam brzo napredovao; od prve sam osvojio četvrtu pa treću kategoriju a onda je 'stalo'. Već prvi turnir za II kategoriju mi je pokazao da za nešto više nisam dovoljno talentiran, da mi fali upornosti ali i 'ono nešto' i da bih morao daleko više raditi ako želim bolje rezultate.

Prestao sam zato igrati pojedinačni natjecateljski šah i posvetio sam se svakodnevnom igranju brzopoteznog šaha sa sličnim fanaticima poput mene.

Brzopotezni se šah razlikuje od turnirskoga po prilici kao mali od velikoga nogometa.

S posebnim veseljem sudjelovao sam na brzopoteznim turnirima. Godinama su se u Mladosti održavali mjesečni sveučilišni turniri. Tu nisam bio loš. Kada igraš 'cuger' svaki dan i u formi si možeš iznenaditi i ponekog velemajstora, osobito ako te podcijeni. I takvih 'skalpova' pa i dobrih plasmana imao sam dosta.

Poučan mi je s tim u vezi bio razgovor s tada međunarodnim majstorom Vladom Bukalom. Sjednemo mi za stol na jednom takvom turniru a on me prije partije upita: Čuj Ješe, jesi li me dosad već pobijedio? Kažem ja njemu: Nisam! E onda moram biti oprezan, veli Bukal, zapne i naravno opet me pobijedi.

Neke tipične predrasude i zablude o šahu i šahistima:
Velika većina ljudi koji se nisu 'organizirano' bavili šahom ima predodžbu da se učenje šaha svodi na štrebanje nekakvih varijanti i gleda na to čak s prijezirom. Teško ih je uvjeriti da je šahovska teorija ustvari skup načela izvedenih iz iskustva bezbrojnih partija u praksi. Igraču koji se tih načela drži ne trebaju

nikakve varijante (premda se otvorenja uglavnom igraju po provjerenim šablonama) da bi bio superioran onome koji se tim načelima nije bavio niti ih pozna.

Također se često misli da su vrhunski šahisti u pravilu i vrlo pametni, inteligentni ljudi. Mnogi moji prijatelji su posumnjali u takvo svoje razmišljanje kada sam ih na par sati doveo u Mladost. Pokušajmo opisati zašto.

Klub je imao vrlo zgodne prostorije: nekoliko soba, odvojenih hodnikom od glavne, bilo je namijenjeno za turnirsko igranje u odgovarajućem miru i tišini. A u centralnoj prostoriji u kojoj se slobodno igralo bio je dim da ga možeš 'škarama rezati' (tada pušenje još nije bilo zabranjeno a mnogi šahisti su bili veliki pušači).

Za svakim stolom igrači usredotočeni na igru. Jedan u kutu počne pjevati refren neke poznate pjesme ili neku reklamu koja se tada vrtila na radiju ili televiziji (npr. CeDe Vita, CeDE Vita); cijeli klub to prihvati i gotovo svi, gledajući i dalje svatko u svoju partiju, odsutno ali složno pjevaju CeDe Vita, CeDE Vita! Oni koji to ne bi prihvatili ne bi se, naviknuti na ovakve scene, uopće žalili. Samo bi Domaćin povremeno zamolio za manje buke.

Dodamo li tome i brojne komentare koje bi igrači upućivali protivniku, tipa: stojiš k'o punjena ptica, stojiš k'o krava, baš si u 'čabru', potpuno si 'izdrekiran', ni kožne gaće te neće spasiti… moj slučajni gost bi me ubrzo upitao: Među kakve si me to luđake doveo?

Ukratko: Među šahistima ima i vrlo pametnih ali i onih drugih. Čini mi se da dobar šahist mora imati između ostaloga bolju sposobnost računanja od običnih igrača a svakako i još više, kako bi rječnikom nogometnog trenera Jose Mourinha rekli, sposobnost 'čitanja igre'; prevedeno na šahovski rječnik razumijevanje onoga što se na ploči događa. A znanje teorije otvorenja, igranja konačnica i sl. samo su nužni alati u igri, da se u tim fazama ne bi i nepotrebno gubili energija i vrijeme.

Nadalje, neupućeni se čude da u šahu postoji sudac i još više da je njegova uloga važna. Nagledao sam se, međutim, sudeći u rangu republičkoga sudca za vrlo skromni honorar nekoliko turnira i dosta momčadskih mečeva (uglavnom u Zagrebu i po provinciji, od Buševca do Krapine), što sve ljudi željni pobjede po svaku cijenu mogu izmisliti da izigraju stroga i dobro definirana pravila. U naše doba kritična je za sudca bilo provjera ispravnoga redoslijeda igrača po stvarnoj snazi u momčadskim natjecanjima a u pojedinačnim mečevima kontrola povučenih poteza u 'cajtnotu' i procedura prekida partije i kuvertiranja poteza.

Više se ne bavim suđenjem a mogu zamisliti da je sudcima danas puno teže nadzirati regularni tok partije kada svaki sudionik može s pomoću pametnoga telefona tražiti iz WC-a pomoć raznih jockera-zovi i naprednih softvera.

I u šahu je nažalost bilo prisutno, a vjerojatno je to i danas, dogovaranje i lažiranje rezultata, bilo izravno za novce bilo po načelu usluga za uslugu. Sudac je tu često bio potpuno nemoćan. Namjestiti rezultat u šahu je puno lakše a otkriti ga i dokazati puno teže nego npr. u nogometu. Ne moraš grubo 'previdjeti' figuru ili topa, možeš se rafinirano voditi svjesno u izgubljenu poziciju. Neki su na taj način kupili a onda uspješno unovčili i visoke međunarodne titule. Čini mi se da je tu sustav rejtinga, koji je smislio dr. Arpad Elo ponešto podrezao krila takvim nečasnim radnjama.

Neka opća pravila koja su vrijedila u svakodnevnom životu kluba:

Kao i u mnogim drugim područjima i ovdje je vrijedilo, nazovimo ga tako, *pravilo najboljega, najjačega igrača.* Taj je mogao biti privatno i loš čovjek i svašta drugo ali njega se slušalo kada govori; ako si bio slabiji igrač mogao si biti dobar k'o kruh, pošten i pametan, uspješan u nekom drugom području, nitko te nije slušao niti uvažavao. Kada bi cijenjeni velemajstor donio u klub neku novu uzrečicu, krilaticu ili foru nevjerojatno je koliko su ga ljudi pametniji od njega pokušavali oponašati i slijediti.

U radu tijela kluba, npr. u Upravi, čiji sam jedno vrijeme bio član (u to doba kao apsolvent ETF-a), vrijedilo je pak *pravilo najutjecajnijega, najuglednijega.* Osobno sam to iskusio kada me je na jednom sastanku predsjednik kluba, inače u to vrijeme ugledni bankar (zbog znakovitoga prezimena odstupit ću od pravila da koristim samo inicijale), koji se prezivao *Bogatec,* odlučno prekinuo u raspravi dajući mi do znanja da moje mišljenje nije važno i da samo gubi vrijeme slušajući me. Poslije toga više nisam htio raditi u Upravi.

Noćni šahovski život:

Nakon zatvaranja kluba u 11h navečer bi mi, fanatici iz Mladosti odšetali Jurišićevom do Trga i tamo se sreli sa sličnim fanaticima iz PTT Zagreba, koji bi došli Ilicom od Kačićeva spomenika.

Pojeli bismo u 'Mosoru' grah bez ičega ili sl. i nastavili, često prateći jedan drugoga doma (ja sam tada stanovao na Trnju) uz beskonačne, često besplodne rasprave o aktualnim turnirima i važnim igračima (tko je bio veći: Capablanca ili Lasker, Botvinik ili Aljehin…?). Posebno su nam bili važni, tada planetarno popularni, mečevi za svjetskoga prvaka, osobito kada je Fischer prekinuo sovjetsku dominaciju.

Nismo propuštali ni šahovske komentare na televiziji koje bismo grupno gledali u podrumu studentskoga doma na Džamiji ili u klubu gluhonijemih u Adžijinoj gdje nam nisu branili pristup. Zamislite ovu fanatičnu posvećenost: Gledamo komentar kako bismo kasnije komentirali ne samo partiju nego i sam komentar!?

I tako bi to išlo do duboko u noć; ponekad bi netko od šahovskih partnera otišao sa mnom doma, osobito ako sam dan dva prije dobio paket iz Banje Luke, da nastavimo, uz mamine specijalitete, šahirati do jutra. A onda bih ga na užas gazdarice ujutro ispratio i potom spavao do ručka ili i duže.

Naravno da se je ovakav ritam i način života odrazio na moj odnos prema studiju i na rezultate, osobito kada sam apsolvirao i nisam imao fiksnih obveza ni rokova.

Šah kao droga:
Kada te 'preuzme' svakodnevno, fanatično igranje, to počne ličiti na druge ovisnosti. Da vam velim da sam za vrijeme cijeloga studija bio samo jedanput na plesu na Staroj Savi (i nije mi se dopalo) nećete mi vjerovati. Izgubiš interes za kino, izlaske, čak i za cure; počneš se motati, uglavnom platonski i neučinkovito, oko par cura na faksu ili kao svi ostali u klubu oko jedine šahistice/šahistkinje koja je redovito dolazila.

Šah me je, nažalost, 'preuzeo' i u širem smislu. Osim igranjem počeo sam se baviti organizacijom turnira, suđenjem, volonterski sam sređivao ogromnu knjižnicu u Mladosti, utemeljio sam šahovsku prostoriju na ETF-u (s obzirom da su mnogi tamo izgubili dosta vremena nauštrb nastave pitanje je trebam li se time ponositi)...

Iz današnje perspektive teško si mogu objasniti to moje, do tada netipično 'glavinjanje' na studiju i vjerojatno traženje nekakve kompenzacije u šahu. Tješio me je tada, kada smo se zajednički neuspješno pokušavali ostaviti šaha, jedan drugi fanatik, Đ. V. (koji je još gore zaglavio od mene i nije nažalost nikad završio studij rudarstva) riječima da svatko ima pravo na krizu, na posrtanje.

A među redovitim posjetiteljima kluba, koji je okupljao uglavnom studente, bilo ih je puno koji su studirali po desetak i više godina (jedan je strojar S. J. duhovito odgovorio kada bi ga pitali kako mu ide studij: Važno je da je brzina veća od nule! A diplomirao je nakon 12 godina studija). Neki su čak napustili studij. Je li tome bio isključivo kriv šah ili je on bio samo neko utočište i medij za zastranjivanje, teško je reći; svatko je imao svoju priču.

Tu treba dodati i to da je samo vrlo mali broj onih koji su šah pretpostavili studiju i nekom solidnom zanimanju i poslu uspio od šaha kako tako živjeti; bilo je puno više tužnih sudbina i propalih karijera.

Jasenka- Deus ex machina:
I onda kad se ovoj mojoj krizi nije vidio ni kraj niti rješenje pojavila se, k'o u antičkoj drami, Deus ex machina, *Jasenka.*

Nije imala nikakve veze sa šahom; doveo ju je u Mladost jedan šahist, moj površni poznanik Z. M. i predstavio nam je kao curu koja hoće naučiti nešto o šahu. Taj čas sam bio slobodan i primio sam se (naravno sa zadovoljstvom) davanja poduke.

Nakon što sam neko vrijeme, možda pola sata, sat, izvlačio iz sebe sve najbolje i trudio se biti dobar instruktor shvatio da ovu zgodnu djevojku šah malo zanima, da je znanac to prigodno izmislio da je gurne među nas dečke, sve odreda bez cure i da malo 'zagužva' situaciju i njoj i nama.

Da spasim stvar predložio sam da odemo van prošetati. Vani je počela kiša a ja sam srećom imao kišobran… I tako je počelo.

Ubrzo smo se zbližili, zaljubili i prohodali.

Jasenka kao i svaka druga žena nije me htjela dijeliti sa šahom i polako sam prestao ići u klub. Na početku mi je to teško padalo ali kako se naša veza produbljivala bilo je sve lakše.

Uz njenu podršku vratio sam se pravim stvarima, položio preostale ispite, diplomirao i zaposlio se u Končaru.

Sve nam je teže padala 'dnevna' razdvojenost pa smo se za godinu dana i oženili (nedavno smo proslavili 48. godišnjicu braka) i onda je sve išlo manje-više uobičajeno: vojska, rođenje prvoga sina, Jasenkina diploma…pa drugi sin, ali sve to više nema veze sa šahom i nije tema ovih crtica.

Moj polagani 'razlaz' sa šahom:
Šah bih još tu i tamo zaigrao na radničkim sportskim igrama i Končarovim sindikalnim prvenstvima i naravno u uredu za vrijeme gableca. S amaterima koji nisu nikada 'učili' šah bilo je lako ali mi je ipak bilo najdraže kad sam 'na nulu' godinama tukao jednoga kolegu, kasnije uglednoga političara, koji je kao i u politici i u šahu na brzinu stekao kategorije. On se nije mogao načuditi kako ne može dobiti nijednu partiju a ja bih mu 'mrtav hladan' odgovorio: Da si kategoriju stekao u Mladosti bila bi to druga igra.

A onda je i to prestalo; dao sam prednost rekreativnoj košarci i tenisu.

Sinove mi šah nije nikada zanimao, valjda su na mamu.

Danas pogledam pokoji šahovski komentar, toga ima na youtube-u stvarno puno. Vrhunski šah pratim vrlo površno; jedva znam tko je aktualni svjetski prvak. Nije tome razlog nedostatak vremena (danas ga hvala Bogu imam dovoljno); ne dopada mi se to da je ubrzan tempo natjecanja (kako partija tako i turnira); kao i u svemu drugome svi hoće vidjeti brzi rezultat. To ima barem dvije loše posljedice: Uvodi i u vrhunski šah površnost i umanjuje mu ljepotu a favorizira sve mlađe i mlađe, 'brzomisleće' igrače kojima stariji više ne mogu parirati.

Nekad je šah bio pokret vođen geslom *Gens una sumus* (*Jedan smo rod*) i u svojoj je ljepoti, složenosti i misteriji ujedinjavao ljubitelje svih dobi i profila, pružao zadovoljstvo i natjecateljima, kako profesionalcima tako i amaterima, ali i gledateljstvu. Danas je toga sve manje.

Je li sve to moje bavljenje šahom bačeno, uzalud potrošeno vrijeme?:
U smislu šahovskoga napretka svakako je. Ali, kroz to vrijeme, u klubu i oko njega naučio sam mnoge stvari o životu, koliko god to na prvi pogled pretjerano, patetično zvučalo. Pokušat ću to argumentirati.

* ŠK Mladost okupljao je mahom studente, koji su mu i nakon diplome ostajali vjerni a dolazili su i mnogi drugi, u rasponu od uspješnih poslovnih ljudi pa do (polu)klošara na rubu egzistencije. Bio je to općenito vrlo širok i raznorodan uzorak ljudi, kojima je jedini zajednički nazivnik bio šah. Tako sam sreo najrazličitije svjetonazore, politička i religijska uvjerenja, što je za mene u odnosu na Banja Luku bila velika novost. *Naučio sam se slušati i uvažavati i druga mišljenja.*

* Tu sam sreo mnoge vrlo zanimljive likove, s nekima sam i prijateljevao. Iako nisam ima šahovski ugled i autoritet neki su se sa mnom rado družili jer sam bio svjetski prvak u slušanju tuđih priča i problema. Jedan mi je prijatelj, inače Škrljevčan Z.M., znao satima pričati na čakavskom dijalektu, u početku ga nisam skoro ništa razumio, kasnije sve bolje i bolje.

* Kako su u to doba u Zagrebu studirali dečki iz cijele Hrvatske, iz Hercegovine pa i iz Zapadne Bosne (danas to više nije slučaj kad imamo fakultete i sveučilišta u mnogim gradovima); u tim pričama *naučio sam puno toga o mnogim krajevima i običajima.*

*Bilo je tu zabavnih i simpatičnih ljudi; jedan je imao debele očale i stalno ih je tokom igre mijenjao, pa smo se šalili s njime da ima posebne naočale za napad a posebne za obranu; neki su bili vrlo duhoviti, npr. prvi hrvatski velemajstor (kako je sebe s ponosom nazivao), pok. Mijo Udovčić, u kojem bi se probudio i stari šarmer kada bih ja ponekad navratio s Jasenkom u klub. Još je više bilo napuhanih, uobraženih veličina (najčešće bez pokrića), o njima neću ništa detaljnije. Ukratko, *naučio sam se različitostima.*

*Kako bi svaki od nas za kako tako uspješno igranje morao naučiti i usvojiti osnovna šahovska načela bio bi iznenađen koliko su ta načela važeća i u realnome životu. Ukratko: Spoznaš da je *šah nije samo igra nego određeno pojednostavnjenje života.* To je u svojoj zanimljivoj knjizi 'Kako život oponaša šah', koju vam preporučam (izdanje vbz), detaljno opisao Gari Kasparov.

*Ja ću navesti, naravno bez pretenzija da svoja razmišljanja o tome uspoređujem sa autoritetom jednoga od najvećih, a nesumnjivo i ljudski najkompletnijih svjetskih prvaka (nije slučajno G. Kasparov veliki prijatelj Hrvatske i čovjek s hrvatskim državljanstvom), samo neka načela koja su mi kasnije koristila u životu, kojih se naravno teško u potpunosti pridržavati ali im treba težiti:

- voditi računa o harmoničnom razvoju (figura),
- optimalno koristiti raspoložive resurse,
- stalno procjenjivati poziciju, pokušati računati par poteza unaprijed,
- biti strpljiv kada si u obrambenoj poziciji a odlučan kada si u napadu,
- biti spreman (kao u gambitu) na žrtvu radi kasnijega probitka,
- biti ponizan i bez trijumfalizma u pobjedama ali se naučiti i gubiti i iz poraza izvlačiti pouke,
- u remijima shvatiti da ima situacija u kojima nema pobjednika, koje se taj čas ne daju riješiti u tvoju korist,
- Stalno učiti, po mogućnosti od boljih od sebe, i usavršavati se.

Zaključit ću ovu raspravu o tome što sam dobio a što izgubio baveći se sa skromnim uspjehom godinama šahom onim najvažnijim:

Sudbina mi je preko šaha poslala moju životnu družicu, Jasenku!
Vrijedilo je čekati!

MIJENJAM CIJELU (MODNU) LINIJU TALIJANSKIH POMIDORA ZA KILO DOMAĆIH POMA IZ PIROVCA, DAZLINE ILI BANJEVACA!

Mali (šaljivi) oglas
(Napisao u Zagrebu, 27.07.2021.)

Ponuda rajčice u LIdlu:

Ovih dana ne mogu na Trešnjevački plac pa povrće kupujem u Lidlu, ispod našeg prozora. A tu, reklo bi se: Nema što nema! Tako je i izbor svježe rajčice nevjerojatan. Evo, zapisao sam što se danas nudi da vam mogu nabrojiti: uz talijanske Grappolo i Mini Grappolo, Beef, Pelati, Roma, Kumato (smeđi), Papeletto, tu je još španjolski Caniles i neki domaći Koktel (ne cocktail!). Sva imena pišem, kako to priliči, velikim slovom i u izvornom obliku.

U čemu je problem?

Rajčicu kupujem kao i svi vi, da bih skuhao nešto primjereno dobu godine, kao sataraš, pašta šutu i sl.… ili da ga ponudim svojima i sebi 'na salatu', sa i bez začina.

I tu dolazimo do problema; gotovo sve nabrojane sorte *po okusu* nemaju gotovo nikakve veze s rajčicom.

Naglašavam ono *po okusu*, tj. raspravljam samo o tome a ne, ne daj Bože, kako je rajčica uzgojena, je li GMO, je li prirodno rasla iz zemlje ili iz nekog umjetnog staništa, čime su je tretirali za vrijeme uzgoja a čime u transportu da ovako postojano stoji danima na polici u Lidlu itd., jer o tome nemam nikakvih saznanja.

A da sve iz iste serije izgledaju 'k'o đaci iz škole' – izgledaju. Oblik i boja idealni. Promjer svakog paradajza odstupa najviše ±5% od željenog. Po četiri-pet plodova povezano peteljkom – vrlo dekorativno a 'vuče' na svježe, prirodno, jutros ubrano.

Sve sam ove vrste s vremenom probao u potrazi za okusom rajčice. I mogu reći da sam ga osjetio u tragovima samo kod grappola; kod ostalih niti u tragovima. I jamčim vam da vam netko zaveže oči i dade vam kušati rajčicu beef ili pelati (Prigorci ovu vrstu zovu šljivar) da ne biste znali što uopće jedete. Ako ne vjerujete napravite pokus.

Je li nestala prava, domaća rajčica?

Čudi me da su Talijani to učinili sa stožernom namirnicom i simbolom njihove kuhinje, da su dali prednost izgledu rajčice i raznovrsnosti ponude pred pravim, prepoznatljivim okusom. Zato sam u naslovu tu cijelu 'gamu' pomidora nazvao posprdno modnom linijom i ponudio je za kilu naših domaćih paradajza.

A da ne griješim dušu želim vjerovati da i u Italiji, osim ovih bezbrojnih 'OPG-ova' (ne znam kako ih Talijani zovu) na sjeveru koji nas i cijelu Europu preko trgovačkih lanaca (sve je isto i u Konzumu, Sparu ili Kauflandu) zatrpavaju ovakvim proizvodima, još uvijek ima proizvođača prave domaće mediteranske rajčice.

Kao one kod nas u Pirovcu ili Dazlini, izrasle na crvenoj dalmatinskoj zemlji i grijane mediteranskim suncem, okopavane i zalijevane vrijednim rukama domaćih ljudi; okus koje vam ne moram opisivati. Svi koji smo imali sreću ljeti jesti taj dar Božji možemo ga zamisliti.

I simpatična pričica za kraj; Nijemac se 'zaljubio' u pirovačku rajčicu:

Svima znani mjesni poštar Slavo počeo se, kao i svi Pirovčani, prije tridesetak, četrdeset godina okretati turizmu. Svoju kuću na samoj obali dograđivao je gotovo sam svake godine za jedan kat (kazao bi nam: od zarade od prethodne sezone); dogurao je do četiri kata i desetak apartmana za iznajmljivanje.

Nudeći gostima domaće povrće i smokve iz svoga vrta, ulje i vino iz vlastitih maslinika i vinograda, domaću rakiju i ribu koju bi ulovio u zaljevu radio je dobar posao, premda – ruku na srce, Pirovac nije baš neko atraktivno mjesto.

I tako je, jednom davno odsjeo kod Slave i njegove vrijedne žene njemački bračni par u mirovini.

Prvo jutro gosta je probudila tišina, prekidana tek pokojim krikom galeba. Rano je ustao i opčinjen bonacom pod prozorom, mirisom mora i prekrasnim izlaskom sunca krenuo je u šetnju.

U vrtu pred kućom sreo je vrijednu Slavinu baku. Nakon pomalo nesigurnoga 'Guten Morgen' nona mu je ponudila da si sām ubere koju rajčicu. Neodlučno je ubrao jednu, naravno opranu jedino jutarnjom rosom i nesigurno je kušao.

Ne znam na kojem je jeziku iskazao svoje veselje da je konačno doživio okus prave rajčice; osjetio ono što ona u stvari jest - *rajska jabuka* (paradajz = njem. Paradiesapfel).

Nakon što je kušao još nešto svježeg povrća i smokava Nijemac je u oduševljenju, uz domaću Slavinu lozu, zakupio apartman na cijelu godinu.

I dok ih je zdravlje služilo on i supruga su svake godine po pola godine provodili u Pirovcu, uživajući u skromnom komforu ali nepatvorenom domaćem povrću i voću, kakvo se srećom i danas nađe.

TREBA ORGANIZIRATI TURISTIČKE OBILASKE ŽIČARE SVE DOK NE PRORADI

Prijedlog gradonačelniku Zagreba
Tomislavu Tomaševiću (TT)
(Pisano u Zagrebu, 08.10.2021.)

Dragi prijatelji,

Spuštam se na putu za Medvedski breg preko Bukovačke u Gračane; gledam novu žičaru i slušam na radiju izlaganje gradonačelnika TT u Gradskoj skupštini o tome da Žičara još stoji, da radi troškove a ne nosi prihode jer ne može u pogon zbog problema s prevelikom bukom…

Razmišljam kako bismo možda mogli ublažili gubitke i sjetim se da se pučanstvu ne moraju prezentirati nužno pozitivne stvari da bi donosile prihod; tako npr. na Gornjem gradu imamo Muzej prekinutih veza, u Pragu sam stajao pred ulazom (ali nisam ušao) u muzej u kojem su izloženi razni predmeti i oružja kojima su počinjeni zločini…

Ne mora baš nova Sljemenska žičara (NSŽ), koja će ipak kad-tad proraditi, dobiti sličan muzej (primjerice nepotpunih projekata, sumnjivih aneksa i faktura, krivih odluka…) ali bi se u međuvremenu, da se nešto zaradi, mogle organizirati atraktivne izletničke ture u kojima bi vodiči ponudili komentare na niz zanimljivih tema vezanih uz njenu izgradnju i odgovarali na pitanja o tome, kao na primjer:

Kako to da je izgradnja NSŽ, projekta vrijednog izvorno 350 milijuna kuna, započeta 2017. još nije gotova?

Neko bi je naivac mogao usporediti s gradnjom Pelješkog mosta i pripitati kako to da je taj projekt, započet 2018. i vrijedan preko 2 milijarde kuna pred završetkom i lako bi moguće mogao ući u pogon prije NSŽ.

Kako to da je izgradnja NSŽ sa spomenutih početnih 350 milijuna poskupila na preko 850 milijuna?

Neki, koji bolje kuže građevinske procedure mogli bi pak pitati:

Je li to na reviziji prošao glavni projekt u kojemu nisu poštovani propisi vezani za potres (objavljeni razlog zašto je odgođen tehnički pregled u 12. mjesecu 2020.) ni oni koji se odnose na buku (o čemu se sada govori)?

Ako je stvarno takav manjkavi projekt ipak prošao reviziju kako to da je nadležni ured Gradske uprave izdao građevinsku dozvolu?

Ja bih pak pitao:

Je li projektant odabrao ovakav izgled glavne zgrade na postaji Dolje (koji me podsjeća na nekakvoga isprebijanoga prethistorijskoga mega-gmaza), zato što se radi o području Medvednice koje ima svoju prapovijest ili samo misli (za razliku od meni poznatih ljudi i mene osobno) da se ovakav dizajn odlično uklapa u okoliš?

Organizatori bi osigurali stručno vodstvo uključivši neke od osoba zaduženih za odluke o projektu i za njegovu realizaciju.

Vodiči bi naravno prvo dali tehničke i druge podatke važne za užitak u nekim budućim vožnjama a na naprijed postavljena i slična pitanja trudili bi se davati više načelne odgovore i objektivizirati stvari (potres, korona, smrt gradonačelnika Bandića, poskupljenje materijala...).

Posjetiteljima bi bile prepuštene rasprave i ocjene o tome je li bilo pritisaka da se i tehnički nekorektne stvari proguraju i od koga, je li bilo pogodovanja odabranim izvođačima te tko je sve te moguće sumnjive papire potpisivao, tko je koliko 'love zamračio'.

Ovo bi u posjetiteljskim grupama zasigurno rezultiralo vrlo zanimljivim raspravama tipa: ja sam čuo to i to a ja pročitao to i to... pa bi vožnja minibusom od podnožja do vrha, uz par zaustavljanja na važnim mjestima (npr. ovaj stup je protupotresno upitan, ova kutna postaja stvara preveliku buku koju sanitarna inspekcija ne dopušta i sl.) vrlo brzo prošla.

Rasprava bi se nastavila uz kobasice i kotlovinu na zadnjoj postaji Sljeme (1.030 m/nm). A kako mi je rekao jedan planinar na nadmorskim visinama iznad 1.000 m i tako se izrečeno ni učinjeno ne shvaća ozbiljno ni doslovno...

Čitav prihod od ulaznica za obilazak i od kotlovine išao bi za pokrivanje troškova hladnog pogona Žičare.

Tako bismo početak rada NSŽ dočekali s nešto manjim gubitcima.

KAKO SMO SE NEKAD ŠALILI
(Napisano 08.12.2021.)

Dragi prijatelji,

Vjerujem da i vas ne čini sretnim atmosfera u okruženju koju bih najkraće opisao kao miks dugo vremena prisutnog bezobrazluka političkih elita i terora suvremene tehnologije kojima se sada pridružilo i pandemijsko ludilo. Nema puno razloga za šalu a mislim da se ljudi i zaboravili šaliti k'o nekad.

I tako se kako starim sve više se vraćam u mislima u prošlost; bez žala za nekakvim zlatnim vremenima (jer u njih ne vjerujem) ali s dozom nostalgije za mladošću, kada smo se znali šaliti, premda u puno oskudnijim uvjetima.

Tu naravno moja (nekad, danas svakako više ne) Banja Luka zauzima najviše prostora. Osobito je to pojačano u zadnje vrijeme u razgovorima i dopisivanju s nekadašnjim školskim kolegicama i kolegama gdje dominiraju teme i likovi iz gimnazijskih dana.

Bilo je to predtelevizijsko i ranotelevizijsko doba, s jednim ili dva programa na TV; naravno, o mobitelima, kompjuterima, Internetu ni naznaka.

Samo u vrijeme posebnih emisija i rijetkih prijenose utakmica bili smo vezani za kuću i zabavu tuđe proizvodnje. Zabavu su inače kreirali oni među nama a i globalno, u gradu, koji su za to imali smisla. A bilo ih je dosta; smišljali su razne smicalice za druge, neki puta prave psine, a često su u nekim situacijama spontano duhovito reagirali tako da to nije samo razveseljavalo ljude toga trenutka nego se dugo prepričavalo pa i ostajalo u sjećanju.

Evo jedne takve priče koja je možda poslužila kao predložak za onaj vic: Tko ima 'vaki Kawasaki?

Motociklist početnik isprobava 'motor' kod mehaničara:

Nedaleko centra grada imao je u svome dvorištu automehaničarsku radionicu otac naše školske kolegice, legendarni gospodin Heller zvani Puba. Automobila i motocikla je u to doba u Banjoj Luci bilo vrlo malo pa se uglavnom bavio biciklima. I mi smo mu rado išli; učio nas je održavati pa i popravljati naše bicikle (a ja sam osim toga bio potajno zaljubljen u njegovu kćer V.).

I sada, majstor Puba je upravo je osposobio jedan prastari, trofejni Zündapp.

Neki od prisutnih zamoli ga da on 'motor' isproba. I tako napravi čovjek krug oko kvarta i dođe pred radionu ali ne znade zaustaviti nego zavapi za pomoć: Heller, Heller! Majstor mu ne stiže ništa reći i ovaj odmagli u drugi krug. Nakon njega opet Heller, Heller! I počnu se skupljati susjedi i slučajni prolaznici. ne pomažu nesretnom motoristu nego se zabavljaju čekajući ga da opet naiđe i da ga isprate gromkim pljeskom i povicima Heller, Heller! Ne sjećam se je li stao kad je nestalo benzina ili je ipak nekako 'skužio' kako se motor zaustavlja.

Bilo je nekih manje simpatičnih šala, kao npr.:

Neslana šala na koncertu:

U velikoj dvorani Doma kulture koncert zabavne glazbe. Nastupaju perjanice lokalne šlager scene. Jedan od glazbenih brojeva otpjeva lijepa pjevačica u blistavoj, pripijenoj srebrnoj haljini sa 'šljokicama' i dobi pristojan pljesak.

Kada se okrenu i krenu s pozornice nekolicina iz prvih redova i s balkona spazi da joj je puknula haljina na vrlo delikatnom mjestu. I evo prilike za neukusnu šalu. Prolomi se gromki aplauz koji sada ne prestaje. Dama se čudi kako je toliko svojim nastupom oduševila publiku i vrijedno se vraća ne znam koliko puta da nam podari blistavi osmijeh i duboki naklon zahvalnosti.

Kod svakog novog izlaska poderotina je sve veća; srećom u to doba žene su na estradi nosile nešto ispod. Tko zna kako se sirotica očajno osjećala kad ju je konačno netko iza scene upozorio na situaciju i zadržao.

I danas me grize savjest da sam i ja prihvatio igru i sudjelovao u toj gruboj predstavi.

A neki pojedinačni vicmaheri znali su se s nama, ponekad grubo našaliti. Evo nekih situacija kojih se sjećam.

Napeto u kazalištu:

Mišolovka na programu. Pola gimnazije smo pretplatnici pa nas je pun foaje ondašnjeg Banjalučkog pozorišta u pauzi prije zadnjega čina. Po grupicama komentiramo predstavu; uglavnom hvalimo dobru glumu (kao i u svim drugim predstavama u to vrijeme nastupao je i Franjo Majetić, kasniji slavni gospon Šafranek iz 'Tko pjeva zlo ne misli') a prije svega odličnu priču Agathe Christie. Nagađamo kakav bi mogao biti rasplet.

A onda, jedan od vječitih zajebanata, naš kolega Ante R. prošeće od grupe do grupe i svakoj diskretno priopći: Inspektor je ubojica . Naljuti nas i pokvari nam čar predstave, ali ne zamjeramo mu previše; uvijek je takav.

Strava u kinu:

U kinu Kozara Hitchcockov Psiho na programu. U dvorani grobna tišina, strah i jeza kakvu samo zna stvoriti velemajstor horora. Odjednom se negdje iz drugog, trećeg reda diže drugi jebivjetar, stariji kolega iz gimnazije Rade T. i glasno upita publiku: Ima li ovdje doktora?

Svi pomisliše: Nekom je od uzbuđenja i straha pozlilo, pa tako i jedan liječnik koji se hrabro stavi na raspolaganje: Ja sam doktor! A Rade T. 'mrtav hladan' upita: Doktore je li ti napeto? i sjedne.

Svi u smijeh i odjednom se strava u dvorani malo smanji a napetost popusti.

A bilo je i puno druge zafrkancije. Došla bi npr. u modu neka, često glupa šala a glavni vicmaheri bi je prakticirali dok je svi ne bi 'popušili' i prokužili.

Jedno vrijeme bilo je to tzv. *prozivanje*. Čovjek prolazi ulicom, poznaješ ga, dobro, ako ne - još bolje; važno je saznati kako se zove. Netko od društva ga oslovi imenom a onda se okrene drugima i svi se prave da nemaju pojma, da su zauzeti nekim razgovorom. Prozvani se naravno okrene pa kad vidi da ga nitko ne gleda pomisli da mu se to samo učinilo i nastavi dalje. Ali vraga, društvo ga ne pušta i ponovi to još onoliko puta dok čovjek ne shvati da se s njim zafrkavaju.

A onda i *izmišljanje nepostojećih riječi*. Neke šaljivčine izmislili bi potpuno nepoznatu, uglavnom besmislenu riječ, i obratili bi se sugovorniku (naravno tiho, u povjerenju) i promrmljali je te se veselili što bi čovjeka zbunili.

Sjećam se i danas: Stariji kolega B. K. priđe mi i reče mi nešto. Pomislih da nisam dobro čuo ono što mi želi kazati pa ga zamolih da ponovi. On to spremno učini; priča se ponovi nekoliko puta sve dok nisam shvatio o čemu se radi. Malo mi je dulje trebalo, ne valjda zato što sam bedast nego zato što je nagluhima uvijek neugodno kada nešto ne čuju dobro. A ja sam još od osmoljetke nešto slabije čuo.

Bilo bi tu još puno toga ali neću vas više zamarati nostalgičnim pričama o vremenu u kojem su se ljudi znali šaliti na svoj a još više na tuđi račun.

Danas, kada su ljudi uglavnom okrenuti individualnom čitanju i 'forvardiranju' tuđih šala na Internetu (kreativaca šaljivčina vrlo je malo) teško je ovako nešto i zamisliti.

Jeste li možda u zadnje vrijeme vidjeli dva čovjeka ili cijelo društvo da su se zajedno nasmijali nekoj šali? Ja dugo nisam… Ako ipak jeste sigurno ste bili u svatovima ili na kakvom tulumu gdje su ljudi ostavili na stranu pametne telefone.

TKO ĆE KOGA (PRVI) BLOKIRATI?
Crtica o starim i novim telefonima
(zapisao u siječnju 2020.)

Telefon je, po mome mišljenju, sredstvo koje - hoćeš nećeš - *osigurava demokratsku komunikaciju između dvije osobe.* Sugovornici ne mogu govoriti uglas a i upadanje u riječ i vikanje u mikrofon je uglavnom kontraproduktivno.

Spuštanje pak slušalice usred razgovora smatra se nepristojnim i ako to učini sugovornik A, pa bio on i ljut ili iznerviran, jamačno će time uvrijediti sugovornika B.

I nerijetko ovakav razvoj situacije dovede do toga da se osobe A i B neko vrijeme ili zauvijek ne čuju na telefon, čak i kad se radi o rođacima ili prijateljima.

Naravno, već i zato što im kad se ohlade i 'odljute' nije lako načiniti prvi korak i ponovno nazvati jedan drugoga; jer to je stvar ponosa, principa a i dovelo bi nužno do rasprave zašto je naprasno prekinuti razgovor tako završio i tko je tomu kriv.

I još nešto; dugo vremena (za razliku od danas) s klasičnim telefonima i telefonskim mrežama nisi mogao vidjeti tko te zove i odlučivati komu ćeš se javiti a komu ne.

Evo jedne zgode iz toga vremena:
Moj pokojni punac dugo je bio udovac i živio sam, srećom u dobrom zdravlju; u Zagrebu ali po svojoj želji podalje od svojih kćeri, zeta i unuka. A mi mlađi bi ga uz svakodnevne obveze ponekad propustili nazvati i

pitati kako je, treba li mu štogod. On bi, kada se poželio čuti nekoga od nas, nazvao i razgovor bi, kada bih se ja javio, tekao ovako:

Punac: *Jesi li me ti ono maloprije zvao?* (ovo je bila 'šifra' koju je koristio da uspostavi kontakt a da mi ne pomislimo da nam dosađuje);

Ja: *Nisam! Ali nema veze. Kako ste, treba li Vam što?* (naravno, prirodno je da nas hoće čuti pa ničim ne bih pokazao da sam 'skužio' igru).

I onda bismo se uzajamno raspitali o zdravlju te lijepo popričali o novostima u obitelji i šire.

Suvremeni telefoni, mobiteli i telekomunikacijske mreže, budući da se odmah vidi tko koga zove, koliko puta i u koje vrijeme itd., čine ovakvu, meni simpatičnu konverzaciju bespredmetnom ali pružaju bezbroj novih mogućnosti/aplikacija koje, po mom mišljenju nisu sve nužno i automatski pozitivne.

Jedna od njih je mogućnost blokiranja poziva s liste nepoželjnih brojeva, koju si u svome telefonu formira korisnik.

Blokiranje se pokazuje korisnim kada se treba zaštititi od možebitnih a neugodnih poziva nekog nasilnika ili žicara, ostavljenog ljubavnika ili ljubavnice i sl.

Ali blokiranje nečijega broja samo zato što nam je pomalo dosadan ili što se s njime u nekom razgovoru ne slažemo, uvjeren sam ne doprinosi kulturi komunikacije.

Vidimo to iz sljedećega (ne posve izmišljenog) telefonskoga razgovora vezanog za drugi krug nedavnih predsjedničkih izbora.

Osoba A: *Za koga ćeš glasati? Nadam se za Kolindu! Ne iziđeš li na drugi krug ili glasaš za Milanovića sudjelovat ćeš u ponovnom dovođenju 'komunjara' na vlast!* ('A' je uvjeren da se ovo može spriječiti samo ako svi Škorini glasači iz prvoga kruga iziđu ponovno na biralištā i glasaju ovaj puta za Kolindu, te u nizu telefonskih poziva poznatima, prijateljima i rođacima agitira za tu ideju);

Osoba B: *Nemoj me o tome pitati i tako utjecati na moj stav; ostavi mi da ja o tome samostalno odlučim!* ('B'-a ne brine mogući dolazak komunjara na vlast; važniji mu je princip njegovoga vlastitoga izbora koji će se ovaj puta svesti na to da neće ni izići na biralište i da će tako po svojem mišljenju kazniti HDZ i Kolindu za ono što su 'radili' Škori u prvome krugu);

Osoba A: (Zabrinuta zbog ovakvoga odgovora) Ponavlja svoju argumentaciju;

Osoba B: (Vidno iznervirana) *Ako nastaviš blokirat ću te!*

Osoba A: (Također iznervirana) *Ja ću tebe blokirati*! I prekida razgovor.

I sada je stvar prestiža *tko će koga brže*, s par klikova, *blokirati*; gotovo ga tim činom kazniti zbog neslaganja u stavovima ali i tko zna još zbog čega otprije.

Zašto kažem kazniti? Zato što, ako netko ne želi nekoga čuti, kada vidi da ovaj zove ne mora mu se javiti. A blokiranje ima očito drugu poruku: Kažnjavam te jer nisi vrijedan sa mnom razgovarati.

A kakva je budućnost daljnje komunikacije osoba A i B pa i njihovoga čitavoga međusobnoga odnosa? Kako na to utječe nova tehnologija?

Prije si sugovorniku mogao poklopiti slušalicu a kada se ohladiš nazvati ga, eventualno se ispričati i nastaviti i ubuduće komunicirati s njim.

A sada, u uvjetima obostrane blokade nitko nikoga ne može nazvati. A liste blokiranih brojeva kod većine korisnika sve su duže.

Čini mi se da suvremena tehnologija u ovome segmentu ne doprinosi boljoj komunikaciji među ljudima nego obrnuto.

Zato osobno još nisam istražio kako se na mome telefonu blokiraju brojevi. Smatram da blokiranje treba koristiti u iznimnim, ekstremnim slučajevima a bez blokada komunicirati sa svima ostalima, neovisno o tome koliko se s njima u nekim stvarima slažemo ili ne.

Uostalom, dobro znamo da se tu stvari prirodno riješe; zanimljive, drage ili korisne osobe zovemo koliko puta nam treba ili previše a one druge puno manje ili nikako. A oni nas isto tako…

ŽIVOT I PRIČA JEDNE (OBIČNE) POŠTANSKE MARKE
(Napisano u Zagrebu u ožujku 2021.)

Dragi prijatelji,

Kad pročitate naslov pomislit ćete da vam je prijatelj prolupao i počeo se baviti glupostima i vjerojatno odustati od čitanja. Ako ste ipak stigli dovde predlažem nastavite; vidjet ćete da je zanimljivije nego što ste mogli u prvi mah pomisliti. Pri tome možete preskočiti uvod, smisao kojega je da pojasnim kako sam se uopće našao u svijetu poštanskih maraka a da se prije nisam bavio, niti se (barem zasada) kanim baviti filatelijom.

Uvod:

Već neko vrijeme sređujem zbirku poštanskih maraka moga pokojnoga oca. Tata je umro iznenada, davne 1990. godine. Opsežna zbirka bila je samo djelomično sređena (marke složene u albumima i sistematizirane po nekim pravilima filatelije i katalozima); jedan velik dio bio je pohranjen u stotinama kuverata, označenih tko zna kakvim sve oznakama, u nekoliko kutija i najlonskih vrećica.

Zahvaljujući pokojnoj sestri, koja je uspjela sve to spasiti kada je mama bježala 1993. iz Banje Luke, zbirka je stigla na čuvanje k meni, starijem muškom nasljedniku.

Inače, dok je tata bio živ i ja sam marljivo skupljao i slao mu marke, što sam nastavio i poslije njegove smrti (pod motom 'za pokojnoga tatu').

Ljubaznošću kolega i tajnica po Končaru, a uz poštu koja je stizala iz cijeloga svijeta, nakupilo se dosta toga. Tako sada treba u zbirku uvrstiti i puno maraka koje su izdane nakon tatine smrti.

Dok sam radio sve je bilo pohranjeno na Kućici, na Medvedskom bregu, i čekalo 'bolja vremena'. Trebalo je proći nekoliko godina moje mirovine da uhvatim dovoljno vremena i oboružam se potrebnim strpljenjem da se mogu posvetiti sređivanju zbirke, što smatram prije svega dugom prema pokojnome ocu.

Počeo sam gotovo godinu dana prije izbijanja korone a sada, kada se ona pojavila i ovladala našim vremenom, imam ga dovoljno pa se tome poslu vidi kraj.

Kako nemam pojma o filateliji radim 'zdravorazumski', logično; pokušavam u sistematiziranju 'građe' shvatiti ideju kolekcionara i neka pravila.

Namjera je da nakon moga obavljenoga posla neki stručnjak filatelist može na jednom mjestu pregledati zbirku i procijeniti njenu stvarnu vrijednost.

Premda se radi o velikom volumenu (36 albuma, nekoliko registratora, desetak kataloga itd.) ne treba u tome pogledu puno očekivati osim ako nas ne iznenadi neka rijetka, vrjednija marka ili serija.

O nastanku poštanske marke, o filateliji:
Dok dugo i strpljivo pregledavam i razvrstavam marke razmišljam kako je svaka od njih prešla svoj put od nastanka/izrade, preko dolaska u poštanski ured pa onda od pošiljatelja prema primatelju; a ove naše nakon toga umjesto u koš za papir i u albume skupljača.

Recimo slobodno: Svaka marka imala je svoj život!

I prije nego što vam počnem pričati neke od tisuća priča o životu obične poštanske marke čini mi se nužnim reći par riječi o nastanku marke i skupljanju maraka, filateliji. Naziv filatelija dolazi od grčke riječi filos=prijatelj i atelija=oslobođeno plaćanja (jer je kupnjom marke i njenim frankiranjem prije slanja pošiljke pristojba plaćena i nema plaćanja kod primitka). Za to sam preuzeo sljedeći tekst[1].

„Nekada su se poštanske usluge plaćale gotovim novcem, a plaćao ih je primatelj pošiljke. Takav način naplaćivanja se pokazao nevaljanim jer se nerijetko događalo da je pošiljatelj jednostavno s vanjske strane omotnice u sklopu adrese napisao poruku kao npr. dolazim ili dobro sam i normalno primatelj pročitavši poruku odbio je primiti pismo i pošta je ostala bez svoje naknade (poštarine) za isporučenu poštu.

Tada je Englez Rowland Hill došao na ideju da se tiskaju male potvrde koje bi se lijepile na poštanske pošiljke i tako je nastala prva marka 6. svibnja 1840. godine tiskana u V. Britaniji, glasoviti Penny Black. U Hrvatskoj, koja je tada bila u sklopu Austrougarske Monarhije, prva marka je bila izdana 1850. godine. Dosad je u svijetu tiskano više od 270.000 raznih maraka, a svake godine izađe više stotina novih maraka iz poštanskih ureda širom svijeta.

U prvo vrijeme marke koje su izlazile u arcima morale su se škarama izrezivati iz arka na pošti, što je bilo nespretno i sporo, sve dok 1847. godine Englez Archer nije izumio stroj za perforiranje (rupičanje) maraka. Sada su se marke iz arka mogle istrgati ručno, a tako istrgnute marke dobile su zupce na svojim rubovima... Prvi sakupljači maraka javljaju se oko

---

[1] https://www.wikiwand.com/hr/Filatelija

1850. godine s njima se javljaju i prvi trgovci markama kao i prvi falsifikatori i varalice.“

Penny Black, prva poštanska marka. Prikazuje profil kraljice Viktorije; rijetki primjerci nerabljene marke koji se još mogu naći dostižu cijenu i do 3.000€. Postoje izuzetno rijetke i za kolekcionare vrlo važne marke čija vrijednost ide do, vjerovali ili ne, 20 i 30 milijuna USD. Još jedna zanimljivost: S obzirom da je UK prva izdavala poštanske marke nije na njima označavala zemlju/poštu izdavanja. Tu obvezu, za razliku od svih drugih zemalja, nema ni danas.

„Danas iza sebe imamo više od 100.000 knjiga, na tisuće klubova i udruženja koji okupljaju cijelu vojsku od preko milijun ljudi koji sakupljaju marke širom svijeta, znanja koja se predaju na katedrama, jednom riječju filatelija je danas svojevrsna znanost koja izučava kulturu i povijest nekog naroda ili države.“[2]

Kako se rađa poštanska marka:
S obzirom da marke izlaskom u poštanski promet imaju svoju nominalnu novčanu vrijednost službeno ih izdaju i prodaju pošte pojedinih zemalja.

Kod njihove izrade pošte angažiraju umjetnike, slikare minijaturiste koji oslikavaju zadane motive. Zanimljivo, gotovo u pravilu najluksuznije i najljepše marke izdaju male pa i egzotične zemlje i 'banana' države. Tu je Jugoslavija, što ne čudi, bila jako u trendu.

U početku su uglavnom prikazivani kraljice, kraljevi i drugi vladari. Premda se to održalo do danas i teško je reći tko se više 'naslikavao': britanske kraljice, K und K car i kralj, belgijski, španjolski, švedski i ini kraljevi, diktatori poput Hitlera, Mussolinija, Lenjina, Staljina, kraljeva Aleksandra i Petra Karađorđevića,

---

[2] https://wp-sh.wikideck.com/Filatelija

Maoa, Tita ... neumoljiva kolekcionarska logika poigrala se s takvima; s obzirom da maraka s njihovim likom i svih vrijednosti svatko ima 'na vreće', filatelistička vrijednost i cijena im je najčešće mizerna.

Vremenom su ipak sve više prostora dobivale i druge važne i slavne osobe iz javnoga života (političari, znanstvenici, umjetnici, sportaši...), značajni događaji i njihove obljetnice, humanitarne i slične akcije, znamenitosti, prirodne ljepote, zemljopis, flora i fauna, naravno najčešće zemlje izdavatelja.

Dodajmo i to da se tek po markama može saznati da neke državice, dominioni, protektorati, enklave, emirati i sl. uopće postoje ili su nekad postojali i da je vrlo zanimljivo otkrivati ih s pomoću dobroga atlasa i Interneta.

Dodatnu filatelističku vrijednost vremenom dobivaju marke zemalja i asocijacija koje su 'kratko trajale,' zbog malih naklada i činjenice da više neće biti izdavane, da ih više nema u opticaju i da će vremenom biti sve rjeđe. Tako će se npr. dogoditi, na užas nekih, da neke marke iz NDH vrijede puno više od sličnih iz doba SFRJ ili današnje Hrvatske.

Pomnim praćenjem vremena izdavanja pojedinih maraka i šturog sadržaja na njima može se iznimno puno naučiti o nekoj zemlji, o povijesno važnim osobama i događajima.

Uzmimo primjer sudbine Trsta pri kraju i poslije II Svj. rata; u kratkom vremenu mijenjale su se međunarodne i druge uprave i nazivlje; po markama koje su izdavane može se pratiti tok krize i njen rasplet.

Marke će nas naravno podsjetiti i kada je prvi čovjek stupio na Mjesec, kad je i gdje bila koja olimpijada, itd. itd.

Nepoznati putovi poštanskih maraka:

I kako smo prije rekli svaka marka imala je svoj život, svoj put kojeg ne možemo 'iščitati' iz albuma koji su pred nama.

Zato dajmo malo mašti na volju i smislimo prigodne pričice za nekoliko maraka koje ćemo nasumce odabrati.

Priča 1.: Pismo vojniku na bojišnicu

Gledamo KundK Militärpost marku. Žig nejasan.

Na njoj je Kaiser und König koji je poslao i njenoga sina u rat. Suznih očiju brižna mati ovlaži je drhtavim usnama i zalijepi na kuvertu. Adresa: naš sin, Regimenta XY... U pismu pitanja kako je, je li još zdrav i neozlijeđen ili se liječi u nekoj poljskoj bolnici. A za doma se veli da je sve u redu, zataji se glad i siromaštvo u kojem se živi; na kraju obvezno: mi smo dobro i zdravo što i tebi želimo; samo neka se rat što prije završi i vratiš nam se.

Pismo putuje tajanstvenim vojnim transportima na bojišnicu, možda negdje na Soči, gdje se odvija besmisleni, krvavi pokolj. Pisar ga uručuje u pauzi između dvije topovske vatre vojniku u rovu. Ovaj ga blatnjavom rukom nestrpljivo otvara. Izmami mu osmijeh, prvi u zadnjih nekoliko dana. Odgovorit će čim bude mogao. Sprema ga u džep odore.

Zgužvano pismo vraća se jednoga dana s njime ili s osobnim stvarima koje prate njegov lijes. Nakon puno godina mladi rođaci čiste tavan, preuređuju skromnu kuću u zagorsku etno-hižu. I stari vojnički drveni kofer dobro dođe. A od požutjelih pisama spasili su samo marke...

Priča 2.: Pismo iseljenika iz Čilea

Gledamo prastaru marku Correos de Chile. Na njoj dio žiga, čini se Punta Arenas.

Možemo zamisliti našega Bračanima koji je negdje koncem 19. stoljeća pobjegao trbuhom za kruhom od gladi izazvane peronosporom i filokserom. Privukla ga je zlatna groznica na jugu Čilea, ponadao se da će, nađe li zlato, konačno otrgnuti svoje i sebe od bijede i siromaštva. Od Rijeke ili Trsta do juga Čilea putovao je parobrodom gotovo 3 mjeseca.

Žuljevitim prstima lijepi marku i javlja svojima da se pridružio brojnim Hrvatima u potrazi za zlatom a kada ga nisu našli da se okrenuo ovcama. Ovdje je prehladno za lozu i masline, veli, ali su prekrasni pašnjaci i imam već lijepo stado ovaca. Nadam se da ću se uskoro osamostaliti i toliko zaraditi da ćete mi moći doći i da ćemo ovdje živjeti bez gladi i sirotinje.

Pismo je opet putovalo parobrodom dva-tri mjeseca. Ne znamo kako je priča završila a marke s njegovih pisama prodali su štedljivi nasljednici skupljačima u Splitu ili Zagrebu ...

Priča 3.: Dostava rješenja o ovrsi

Evo dvije novije marke Republika Hrvatska. Nepotpun otisak žiga, datum/nadnevak, čini se 2015. godina.

Zalijepila ih je s pomoću vlažnoga jastučića tajnica u nekom odvjetničkom uredu. Čudno da još koriste poštanske marke, pisma danas u pravilu strojno 'frankiraju'; ovo je na pošti vjerojatno još dobilo i naljepnicu preporučeno, s povratnicom.

U pismu štura obavijest umirovljeniku: Odvjetničko društvo MH & partneri dostavlja Vam rješenje o ovrsi zbog nepodmirenog duga prema kreditu tom i tom kod banke te i te, itd.

Ne znamo je li se i kako ojađeni primatelj spasio od ovrhe, ali spasio je ove marke…

Priča 4.: Pismo sa službenoga puta

Pred nama je marka, Nederland, motiv vjetrenjača. Nepotpun otisak žiga, čini se Amsterdam, 2005. godina.

Aha, sjećam se, ubacio sam ga u hotelu pred odlazak da imaš pozdrav iz Nizozemske.

A pišem pred spavanje: Mi smo bili u gustom programu. S aerodroma nas je naš agent odveo na poslovni ručak s biznismenom Pakistancem. Ovaj kod jela naglašava da je pravi Musliman i da možemo računati na njegovu riječ u suradnji, koja nam se doduše čini dosta nerealnom. Rastajemo se uz dogovor za nastavak uz večeru u hotelu.

Nikad nisam bio u Amsterdamu i idem sa šefom i prijateljem N. obići glavne 'znamenitosti', kanale i naravno ulicu crvenih svjetiljki. Oduševljen sam pitoresknim fasadama nakrivljenih katnica u koje se namještaj može dopremiti sami izvana, 'sajlcugom' do određenog kata pa kroz prozore unutra. U izlozima ispod crvenih svjetiljki gotovo nikakva aktivnost niti ponuda, tek je rano popodne. Putem nas ulovi kiša, vraćamo se u hotel mokri k'o miševi. Pada mi na pamet onaj stih bećarca: Idem kući iz drugoga sela, suha k***a i mokrih cipela.

Pred hotelom na obostrano iznenađenje srećemo našega ortodoksnog Muslimana s plavušom za glavu višom od njega… Malo mu je neugodno pa se samo mimoilazimo.

Srećom, praktični domaćini imaju u hotelskom ormaru peglu i dasku za peglanje; upornim peglanjem osposobljavamo odijela za večeru; drugih nemamo, došli smo na samo jedan dan.

Na večeri nastavak razgovora od ručka. Primjećujemo da naš sugovornik više nije tako pravovjeran, ne ispričava se što je propustio večernji namaz, imao je važnijeg posla.

Čini se da smo svi shvatili da je ideja o suradnji na velikom željezničkom projektu možda preambiciozna a mi da je sastanak u organizaciji našega agenta ipak samo alibi ovom bogatom Pakistancu za izlet i provod u Europi. Tako je i večera rekordno kratko trajala; naš nesuđeni poslovni partner ima još neki dogovor. Možemo samo nagađati, s plavušom od popodne ili novom.

N. i ja uz oproštajnu, utješnu butelju sređujemo dojmove. A puno ih je; kad sam došao u sobu ne mogu odmah zaspati pa pišem ovo pismo...

Priča 5.: Pismo iz vojske:

Pred nama je dio kuverte s dvije, još neodlijepljene marke (moram ih potopiti u mlaku vodu), Jugoslavija PTT s likom JBT (lijevi profil). Žig: Ljubljana-Št.Vid, datum/nadnevak, III/1973. Na koga je naslovljeno ne vidi se ali ja to znam i znam što piše. Zato će i ovo pismo biti malo duže.

Ljubavi moja,

Javljam Ti se iz moje nove kasarne. To je veliki kompleks u predgrađu Ljubljane u kojem dominira 'naša' zgrada; nekada u vlasništvu Crkve a sada JNA. Kažu da ima 11 km hodnika; jedva nađem učionicu i svoju spavaonicu. Sve je slično. A vojske k'o u priči. Vodnik profesionalac zadužio me je da držim nastavu u njegovom vodu iz nekoliko elektro-predmeta. To je dobro jer će mi vrijeme brže prolaziti. Osim toga u vodu su samo električari: majstori, tehničari i pokoji inženjer, nema nekih primitivaca. Iz škole rez. tehn. oficira došlo nas je ovamo osamnaest, tako da su tu dečki s kojima sam se družio i u Zagrebu. A vidim i sportske terene, vojska igra košarku, nogomet... Uključit ću se već sutra.

Jedino mi Ti fališ. Prekrasan je zimski dan, nebo nestvarno plavo i čisto. Snježni planinski vrhunci, udaljeni dvadesetak kilometara (kažu Kamniške Alpe, sve vrhovi preko 2000 pa i 2.500m) čine se na dohvat ruke. Taj bi prekrasni prizor htio podijeliti s Tobom i obećavam: jednom ću Te, kad-tad odvesti tamo.

Nadam se da si dobro, da Ti učenje za zadnje ispite ide dobro, nema mene da Ti smetam.

Moram se raspitati gdje možeš odsjesti kada mi dođeš. Kod tete u Šiški nije komotno. A još bolje: kako ja mogu vikendom zbrisati u Zagreb.

Volim Te i šaljem puno pusa,
Tvoj G.

Dragi prijatelji, Ako ste izdržali u čitanju dovde začudit ćete se da vam nikad nije palo na pamet na ovakav način gledati neku poštansku marku.

A zamislite sada moju situaciju: tisuće maraka a uz svaku bih ja a i vi mogli ispričati neku pričicu, kao ovih pet nasumičnih, koje su mješavina fikcije i zbilje.

Jer svaka marka imala je svoj život!

SJEĆANJA O POTRESU U BANJOJ LUCI, 27. 10. 1969.
(Zapisao par dana po potresu u Zagrebu 22.03.2020.)

Napomene: Kada sam o ovoj temi otvorio Wikipediju ponovno sam se, zbog niza netočnosti, osvjedočio da joj ne treba bezrezervno vjerovati! Nadalje, neka vas ne čudi bezbroj detalja, koje ću ispričati, ništa nije izmišljeno. Očito su se zbog naravi trenutka sjećanja tako urezala u memoriju da su svježa i nakon pedesetak godina.

Nedjeljna utakmica na Maksimiru:
Nedjelja 26.10.1969. Brat i ja na Maksimirskom stadionu. Igraju Dinamo i koliko se sjećam 'Željo'. Rezultata se danas više ne sjećam. Na izlasku neki komentiraju da je negdje iza 16h bio potres. Nisam ga osjetio jer je na istočnoj tribini bilo dosta ljudi i navijanja.

Dolazim u svoju studentsku podstanarsku sobu i palim prastari radio. Na vijestima kažu da je jak potres pogodio Banju Luku a da se osjetio i u Zagrebu.

U to doba nema mobitela, gazdarica nema telefon. Hitam na poštu da čujem kako su moji. Dugi niz telefonskih kabina na pošti u Jurišićevoj pun uznemirenih ljudi. Telefonistica proziva moj broj, mama se javlja i veli da se ne brinem, da su svi dobro a da sam je slučajno dobio jer su svi vani. Ona je došla po nešto pokrivača jer su odlučili noćiti u garažama u susjednom dvorištu. Veli da ne dolazimo, da će biti sve u redu.

Drugi potres, u ponedjeljak 27.10.:
Mama me umirila i u ostatku dana posvećujem se programu iz rasklopnih postrojenja na ETF-u; još se sjećam: vektorski dijagrami struja kratkoga spoja u zadanoj mreži. Sutra u 10h imam o tome zadatku kolokvij kod asistenta F. u nedalekoj zgradi Elektroprivrede.

Ležim ujutro na kauču i koncentriram se na temu kada ono potres. (Tada sam naučio da se jakost potresa puno više osjeti na krevetu nego kad si na nogama i kada možeš prirodno amortizirati ljuljanje). Ništa strašno (u Zagrebu); da je opet u Banjoj Luci ne pada mi taj čas na pamet.

Pozdravljam se s asistentom u njegovoj sobi kada radio u sobi ispred javlja da je razorni potres jutros u 9,12h pogodio Banju Luku. Ne govorim asistentu da sam iz Banje Luke ali on vidi da nešto nije u redu, da jedva odgovaram na njegova pitanja. Ipak nekako obranih svoj rad.

Odjurih doma po najnužnije stvari za put pa na autobusni kolodvor.

Put za Banja Luku, put u neizvjesnost:
Tih godina bilo je bezbroj linija iz Zagreba prema Banja Luci. Jedan autobus s upaljenim motorom sprema se za polazak. Iako je prepun kondukter prima i mene i brata, koji je u međuvremenu također stigao. Stojimo cijelim putem na stepenicama za izlaz, što mi onda nije bio neki napor.

Puno veća muka je slušati nekolicinu putnika koji se natječu u tome tko će ispričati strašniju priču o tome što je čuo o posljedicama potresa. Osobito me nervira dečko moje školske kolegice koji toliko kuka i nariče nad još nepoznatom sudbinom svojih da se na kraju i rasplakao. Danas mogu razumjeti da u takvim situacijama ljudima mogu popustiti živci; onda sam ga gledao s prijezirom, kao zadnjega seronju.

Poslije prave bad news oluje vozimo se uglavnom u tišini, svatko se prepustio svojim mislima i brigama.

Prvi dojmovi:

Prošli smo Laktaše i primičemo se B. Luci. Tu se razaranja već vide pa su 'komentatori' opet živnuli: Pazi ovo, vidi ono…. Gotovo svaki krov je oštećen. (Kasnije sam shvatio da se radi o karakterističnim oštećenjima krovišta, kakva ovih dana vidimo i po Zagrebu: kada se cijela konstrukcija zatitra stvori se u sredini 'vrtlog' koji izbaci crjepove van; cigle iz zabata, koji ništa ne nose i ničim nisu učvršćeni jednostavno popadaju).

Ulazimo u grad. Štete na kućama u 'glavnoj' ulici su puno veće, pločnici prepuni otpale žbuke i urušenih dimnjaka.

Stanujemo u ulici odmah do autobusne stanice, u prizemlju u staroj, solidnoj katnici. Ulica je puna šute ali se na kući ne vide neka oštećenja; jedino je kapa dimnjaka pala s krova i gotovo prevrnula masivni betonski stup dvorišne ograde.

Moji su zajedno s nekolicinom susjeda u improviziranom 'boravku' ispred garaža u susjednom dvorištu.

Dirljivi susret, zagrljaji, mamine suze; svi su živi i zdravi. Mama i baka su OK, sestra je doživjela veliki šok i u strahu je. Tata je pak na putu u inozemstvu (mislim da je to bila Švicarska). Kasnije nam je rekao da iz njihovih medija uopće nije znao za potres u B. Luci, bila je to tek mala vijest, k tomu i neprecizna.

Prvi dojmovi o razaranju:

Usprkos upozorenjima mojih ipak ulazim oprezno u zgradu. U stanu nešto popucalih zidova i prevrnutih stvari. Ipak, ništa ozbiljnoga. Stara kuća položila je ispit.

Nema struje ni vode. Uopće se ne sjećam kako sam se prvih par dana hranio; to očito ne spada u takvim trenutcima u one bitne stvari koje se pamte. Nešto su nam bake i mame uspijevale 'isčarobirati' dok nisu stigle konzerve iz pomoći. Jedino se sjećam kako su se naše starice, koje naravno nisu mogle bez 'kafe iz džezve i fildžana' patile s kavom pripremljenom s radenskom vodom (onda nije bilo flaširane obične vode).

Idem u nedaleki centar grada i vidim da su tamo razaranja velika osobito u 'Gospodskoj' ulici. Na glavnom trgu ('Kastel ćošku') jedno krilo zgrade, koju popularno zovemo Titanik, potpuno se urušilo. Poslije doznajemo da je u tu stradala cijela obitelj, koja se nažalost nije držala uputa poslije onog potresa od dan prije da se ne ide u stanove.

Tako je Titanik, narod ga je tako prozvao zbog brojnih balkona koji su na dugačkom pročelju ličili na brodske čamce za spašavanje, doživio sudbinu svoga imenjaka, ponajviše zato što je bio vrlo nestručno projektiran i nesolidno izgrađen. Kasnije su ovu zgradu potpuno srušili i ostatke uklonili.

Ostao je samo veliki ulični sat na kojem su padajući dijelovi Titanika zaustavili vrijeme na 9,12h. Stoji tamo i danas i podsjeća ljude na trenutak kada se toga 27. listopada 1969. dogodio najjači udar.

Idem vidjeti što je s zgradom Gimnazije, nedaleko gradske tržnice. Srećom, mudri gradonačelnik je nakon prvoga potresa zabranio nastavu u školama pa u zgradi nije bilo nikoga i nitko nije stradao, što bi se, ako ništa drugo zbog panike nesumnjivo dogodilo.

Vrag mi ne da mira i ulazim, penjem se hodnicima, zavirujem u učionice za koje me vežu bezbrojne uspomene. Šteta je ozbiljna ali stara austro-ugarska zgrada ipak je izdržala.

Ali ne za dugo. Manje mudrom, dapače čudnom odlukom gradskih vlasti (o tome nešto kasnije), premda se mogla popraviti, zgrada je minirana a ostatci uklonjeni. Na 'ispraćaju' bilo je po kazivanju prijatelja preko pet tisuća ljudi, koji su na sigurnoj udaljenosti, mnogi u suzama pratili nestanak jednoga od simbola one Banja Luke.

Radne akcije u gradu i na kući:

Nalazim se s prijateljima iz škole. Hvala Bogu, nemamo vijesti da je netko bliski stradao.

Uključujemo se spontano u akciju prihvata pomoći u krugu 'Autoprevoza'. Solidarnost drugih gradova je vrlo brzo profunkcionirala. Cijelu noć istovarujemo kamione pomoći (mineralne vode, pokrivača i razne opreme) koji neprestano dolaze. Uopće se ne sjećam gdje sam i koliko spavao.

Sutradan sam na tavanu i krovu naše kuće. Čudim se: Uvijek sam patio od straha od visine; sada hodam po krovu i zajedno sa susjedom pokušavam vratiti 'razmrdane' crjepove na mjesto. Prognoza je: bit će kiše i snijega.

Opet potres (a moj prvi pravi):

Taj dan sam se odvažio i spavam u stanu. Mama mi se ujutro pridružuje, radimo po kući. U kuhinji smo, mama viknu: Evo ga opet! Nisam shvatio što dok nije počela tutnjava i drmanje. Mama zapovijeda: Brzo u 'štok'. Stanem nekako u okvir vrata od 'djevojačke' sobice i čudim se kako zgrada izdržava. Pa kutovi sobe pri stropu primiču se i odmiču u nevjerojatnim pomacima.

Vidim da se mama puno više uplašila od mene; valjda zbog trauma od prethodnih potresa.

Evo i snijega:

I kako narod kaže da nevolja ne dolazi sama tako po teško oštećenom gradu pade snijeg, valjda 80 cm, kao gotovo nikad prije.

S prijateljem koji stanuje u zgradi glavne pošte i nekolicinom drugih uključujem se u akciju čišćenja snijega s krova. Uprava Pošte se uplašila da bi se pod ovim teretom oštećeni krov mogao urušiti.

Dobismo velike lopate. Limeni krov nije strm. Lako se krećemo po njemu ali je za našu ekipu posla za cijeli dan. Sjećam se da nisam mogao podignuti lopatu ako bih zahvatio snijeg 'od poda'. Morali smo svaki 'stupac' snijega rezati na pola i nositi do ruba te bacati dolje. I naravno, uopće nam nije bilo hladno…

Epilog:

Kada se situacija koliko toliko sredila (prestalo se tresti, život se pomalo normalizirao) vratio sam se studiju u Zagrebu.

Tragična bilanca potresa (u Bosni kažemo zemljotresa, 6.6 stupnjeva po Richteru): 15 poginulih, preko 1.100 teže i lakše ozlijeđenih, uništeno je na desetke tisuća stanova…

Velika većina Banjalučana (koji su poznati po tome da jako vole svoj grad, da se njime ponose i hvale ga – ponekad i neumjereno), pa tako i moji, ostala je u gradu i godinama je mukotrpno i uz velika odricanja ali i nesebičnu pomoć iz zemlje i inozemstva, radila na njegovoj obnovi. Od te pomoći ostala mi je u sjećanju i vojna poljska kuhinja, donacija njemačke vlade i u njoj pravi Nijemac, kuhar. Onako u odori Bundeswehra izazivao je podozrenje kod ljudi ali su ga brzo prihvatili, naravno zbog toplih jela koje je dijelio velikom šefljom u metalne tanjure ...

Škole nisu radile: đaci su raspoređeni u druge gradove. Možemo zamisliti koliki je ta iznenadna promjena sredine svakome od njih bila šok ali i životna škola.

Ružni dio priče:

Nisam jedini koji je konstatirao, nakon što je prošlo dovoljno vremena da se vide posljedice, da je ovu prirodnu katastrofu i nesreću iskoristila velikosrpska politika za svoje ciljeve.

Mislite da pretjerujem? Nikako!

Povoljnim kreditima i nizom pogodnosti nije stimulirana samo obnova kuća i stanova domicilnoga stanovništva nego i masovno doseljavanje, uglavnom pravoslavnoga življa iz ruralnih krajeva južno od Banje Luke (koje Banjalučani pejorativno zovu 'vrhovcima') te povratka dijela onih koji su kolonizirani u Vojvodinu nakon rata.

Grad tako nije imao pad broja stanovnika nego nagli rast. Pri tome je potpuno promijenjena etnička slika ali i narav grada. Od urbane sredine, s dobro izbalansiranim 'miksom' austro-ugarske i otomanske arhitekture i tradicije, u kojoj su u relativno harmoničnim odnosima (su)živjeli Muslimani, Hrvati i Srbi, koja je zbog blizine gravitirala puno više Zagrebu nego Sarajevu ili Beogradu Banja Luka je postala sve ono drugo.

Tako se pred raspad Jugoslavije udjel Srba u stanovništvu B. Luke popeo na 51%, što su iskoristili da u prijelomnim trenutcima, početkom 90-tih u gradskoj vlasti majoriziraju druga dva naroda, da pruže veliku podršku velikosrpskoj ideji, grad etnički očiste od Muslimana i Hrvata i u konačnici ga pretvore u glavni grad tzv. Republike Srpske.

Pri tome su uništili mnoge kulturne i sakralne spomenike drugih dvaju naroda (srušili su crkvu i samostan na Petričevcu, minirali i spalili svih 17 džamija, uključujući i povijesne Ferhadiju i Arnaudiju...). U tom kontekstu danas gledam i na odluku o miniranju zgrade Gimnazije; premda je to učinjeno odmah po potresu; velikosrpska ideja tinjala je prikrivena još onda.

Iako je to posebna tema neodvojivo je vezana s potresom 1969. i zato sam ovo gore napisao.

I da zaključim, Banja Luka je moj rodni grad, grad moje mladosti ali današnja Banja Luka nažalost više nije moj grad pa sam u tome smislu i ja na određeni način žrtva potresa iz 1969.: izgubio sam svoj grad.

CRTICE S GORNJEGA GRADA
(zabilježio 08.12.2019.)

Nedjelja navečer. Miro i ja vraćamo se od Markova prema Katarinskome trgu. Puni smo dojmova nakon izvrsnoga koncerta nama dragoga zbora Cantores sancti Marci koji je izveo prigodni adventski program u crkvi sv. Marka.

Još prije par godina 'legla' nam je njihova interpretacija sakralne glazbe i evo, postali smo redoviti na njihovim nastupima. Meni savršeno, svojom uzvišenošću i čistotom (ne čistoćom, kao sanitarnim pojmom) 'iskopča' iz realnoga okruženja, kojim se nepotrebno, pretjerano dnevno bavim.

Komentiramo besprijekorne vokale koji su pod sigurnim vodstvom mladoga maestra Petrača izveli niz korala posvećenih Bogorodici. Program je improvizacijama između korala dopunio 'kućni' orguljaš, prof. Pavao Mašić. U zboru je nastupila i naša Končarevka Lucija…

U tako uzvišenom raspoloženju ne žuri nam se do auta kojeg je Miro srećom uspio parkirati ispred Klovićevih dvora a ni prema adventskoj gužvi, malo niže na 'Štrosu'; još nismo spremni za silno bleštavilo, miris kobasica i kuhanoga vina tamo.

Pala je odluka da skrenemo u nekadašnju Tavernu, sada se zove (barem tako piše na ulazu) Café i dijeli prostor s Muzejom prekinutih veza.

Prostor i muzika nešto su drukčiji od običnih kafića i trebali bi privući ozbiljniju klijentelu, koja ne voli buku nego poluglasne (intelektualne) razgovore.

Sada međutim počinju muke s narudžbom. Zgodna mlada žena, ali džaba, mora se pravdati: kuhanoga vina nestalo, gemišt ne serviraju (pazi, ovo bi razveselilo predstavnike udruga potrošača: radi točne naplate i da ne bi bilo podvale kod 2 u 8) nego posebno vino i posebno mineralnu vodu.

Da ne kompliciram naručujem 2 dl bijeloga. Miro ambiciozno pita imaju li graševinu i koju; nakon njenoga nesigurnoga odgovora o podrijetlu graševine naručuje malu točenu pivu.

Dok čekamo naručeno gledamo (vjerujemo neupadljivo) okolo. Stolovi uglavnom popunjeni; društva ipak ne mogu tiho razgovarati jer je dobro odabrana lagana muzika nepotrebno glasna. Profil gostiju: intelektualci (ipak je ovo nekad bila kultna kavana), reklo bi se to po fragmentima neprisluškivanih razgovora, po pomalo nelijepim ženama i 'abšicanim' muškarcima. Vidimo tu i neke poznate osobe. Miro i ja se sasvim dobro uklapamo (ne zato što smo poznati nego po izgledu) u spomenutu mušku kategoriju.

Stiže vino (uz njega čaša obične vode) i piva. Nisam trebao potrošiti svih dva deci da utvrdim da je vino daleko ispod razine lokala, jedno od najlošijih koje sam u zadnje vrijeme pio.

Miro pak hvali svoju pivu da je neobičnoga okusa. Konobarica je sama i angažirana pa se Miro ne može raspitati o marki pive.

Da malo isperem gorki okus svoje graševine primim se vode (valjda je zato i serviraju bez posebne narudžbe). Voda tako topla da se šalim s Mirom i velim mu da se, kad već nema kuhanoga vina, mogao zgrijati čašom vode.

Brzo smo to popili; preglasna glazba nam ne paše pa se guramo tko će platiti račun. Konačno uvjeravam Miru da je u redu da ja platim, kad me već vozi od doma i natrag.

Moram dvaput pogledati iznos: 2 dl lošeg vina (40 kn) i mala piva (22 kn), ukupno 62 kn; ostavljam 65 (tri kune za toplu vodu iako se ne naplaćuje).

Idemo prema autu i glasno razmišljamo. Račun bi bio u redu za Bogom danu lokaciju i očekivani tip lokala, ali uz ono: kuhanoga vina nema, gemišt ne točimo, nedovoljno diskretnu glazbu... uz graševinu koju nabave u Vrutku za 15-tak kuna a prodaju po 200 kn litru i serviranu toplu vodu stvarno je pretjerano. Da smo produžili do Štrosa mogli smo za te novce valjda dobiti i kobasice (ako i tamo ne 'deru').

Ni T od nekadašnje Taverne iz doba kada nije bila u privatnim rukama nego u nekom socijalističkom hotelsko-ugostiteljskom poduzeću. Žalostan nazadak. Čini se po ovome primjeru da ugostiteljska ponuda svojom kvalitetom ne prati ambiciozne zagrebačke turističke planove i pompu kojom se reklamira Advent u Zagrebu...

JESTE LI ČULI ZA HOKEJSKI KLUB 'JARUN'?
(Zapisao u svibnju 2021.)

Dragi prijatelji,

Ako vas pitam jeste li čuli za hokejski klub 'Jarun' odgovor će biti: nismo. Pa naravno kad je još u osnivanju. A otkud ime Jarun, koje bi priličilo veslačkom ili daskaškom klubu? Strpite se, uskoro će vam biti jasnije.

Prije nekog vremena nazvao me prijatelj i kolega sa studija i predložio mi da se pridružim povremenim sastancima kolega iz naše generacije, u pravilu na Jarunu. A naša generacija? To je ono: godina prvoga upisa na ondašnji ETF, danas FER, 1964. Danas prosjek godina 76 (slovima sedamdesetšest).

Kako je vrijeme korone prvi sastanak je uz 'coffee to go', kraj terase jednoga kafića na Jarunu.

Dolazim po dogovoru uz pomoć kolege 'za vezu'. Zabrinut sam hoće li me drugi uopće prepoznati; ostario sam, a bogme i ja njih. S nekima se nisam vidio još od studija.

Ipak je sve u redu; lako se prepoznajemo a svih imena i prezimena odlično se sjećam (možda ću zaboraviti gdje sam upravo parkirao ali stvari iz tih godina još nisam počeo zaboravljati). Dobivam prve komplimente da sam se 'lijepo popravio' od studentskih dana na ovamo. Ja spremno priznajem 30-tak kilograma. A kolege? Neki kao i ja a neki se odlično drže. Jedino je na prvi pogled jasno da gotovo svi imaju problema s kretanjem, no o tome malo kasnije.

Kako sam ja novi a ovo je drugima već na znam koji puta da se sastaju predstavljam se: što ima novoga u zadnjih pedeset-šezdeset godina (obiteljsko stanje, karijera, kako je u penziji... i naravno, kako zdravlje). U par minuta mi i svaki od kolega ispriča svoju priču, inženjerski kratko i jasno. Veseli me da vidim da su svi uglavnom dobro, očekivano uspješni u poslu i životu, da ih sve glava dobro služi; ni traga staračkom pričanju a kamo li nekoj demenciji ili Alzheimeru.

Zanimljivo je sve to slušati ali prohladno je, lagani vjetar nas je malo pothladio, pa je meni za prvi puta dosta. Razmjenjujemo brojeve mobitela, e-mail adrese i najavljujemo sljedeći sastanak za drugi tjedan (ako bude lijepo vrijeme).

Preskočili smo par tjedana; ove je godine vrijeme jako promjenjivo. Kako je po novome sada dopušteno sjedenje na terasama nalazimo se ovoga puta na reprezentativnoj terasi bivše pizzerije 'Edo' (to je na križanju Horvaćanske i Hrgovića, dijagonalno od Sv. Mati slobode).

Mladen nam nudi odlične slance sa sirom a ja gibanicu/sirnicu, koju sam jutros ispekao za ovu prigodu. Uz to dobro ide piva ali konobar nije zadovoljan; nije u redu donositi takve stvari tamo gdje se servira hrana. Da smiri situaciju Toni naručuje pizzu a neki od nas još jednu rundu pa možemo dalje u miru razgovarati.

A razgovori opet: red uspomena i pokoja anegdota iz vremena studiranja (sjećaš li se ovoga ili onoga?), red poslovnih i stručnih iskustava, ali upadljivo dominira zdravstvena problematika.

Ima tome i razloga. Osim što je u jeku korona-kriza i raspravlja se o cjepivima (Toni inzistira da plati cijeli ceh jer se upravo danas prvi od nas cijepio), neki su prošli kroz ozbiljne situacije; bilo je tu stentova, bypassa, ulcusa i gastritisa, problema s kralježnicom, kukovima, koljenima .... Pomno slušam dok prijatelji uglavnom iscrpno iznose povijest svojih bolesti ali mi ne može promaknuti detalj: svi osim Štefa i Alojzija imamo nekakvo pomagalo za hodanje.

Sjetim se prijatelja koji je u Krapinskim toplicama sličnu skupinu ljudi sa štapovima i drugim pomagalima u šali nazvao hokejašima (pa zar svi nemaju nekakve palice, veli on!?).

I pomislim, eto i nas hokejaša, mogli bismo osnovati hokejski klub.

Evo, Vlado ima najsloženije pomagalo, mogao bi biti golman s onom velikom palicom/lopatom. Trebaju nam dvojica u obrani: ja sam sa svojim štapom kandidat – slabije sam pokretan od drugih ali zato 'me ima' i nije me lako proći. Drugoga beka zasad nemamo ali nedaleko, par kuća dalje na Jarunu živi kolega i prijatelj Darko. Trebamo ga pozvati. I on ima štap a još je korpulentniji od mene; koji bi to bio bekovski par!

A kako riješiti pitanje trojice napadača? Ivan ima štap, OK; Toni bi sa svojom besprijekornom linijom i kolekcijom štapova za svaku priliku mogao biti centralni napadač. A treći bi mogao biti Štef; iako nema štap i dobro hoda trebalo bi mu dati pravu palicu i bio bi stvarno pojačanje.

Mladen je pak doma složio posebnu klupu za ravnanje kralježnice. Mogao bi je posuditi momčadi za sjedenje vodstva i rezervi (osobito letećih izmjena), koje zasad još nemamo. Klupu bi svakako trebalo popuniti, što neće biti problem. Pridruže li nam se još neki iz naše generacije sasvim je izvjesno da će i oni imati svoje štapove/palice.

Trgnuše me iz ovoga fantaziranja ženski glasovi i smijeh za stolom na pristojnoj udaljenost, rekao bih većoj od propisane 'socijalne distance'. Desetak gospođa slavi možda odlazak u penziju jedne od prisutnih ili, po godinama i izgledu bi se reklo, 35 ili 40 godina mature.

Ništa zato,ubacujem i njih u priču. I tako nam trebaju navijačice…

Svi su uvjeti za osnivanje hokejskog kluba 'Jarun' dakle tu. Šteta je što nema neke lige (veterani su premladi, trebala bi biti neka gerijatrijska, npr. 75+) u kojoj bi se mogli natjecati.

A dotle ćemo se baviti sportskim uspomenama iz studentskih dana ili hvaliti se rezultatima naših unuka…

Napomena:
Ne znam znaju li hokejaši iz ove priče uopće klizati; moram ih pitati. Ja osobno ne znam. Sjetim se s tim u vezi priče pokojnoga kolege i košarkaša Zorana-Zokija Pavlovića (generacija iza nas). Dok još nije znao klizati redovito je išao na Šalatu i zgodnim curama hrabro predlagao da ih uči klizanju. Kad bi nakon par minuta cura shvatila da učitelj nema pojma ne bi ga potjerala nego bi ona počela njega učiti. Vjerujte da je ovo redovito 'upalilo' jer je Zoki bio zgodan dečko. Poslije su neke od tih poduka imale i nastavak…

Ova metoda za nas koji ne znamo klizati a nismo tako samouvjereni naravno ne bi vrijedila ni u onim godinama a kamo li danas.

MOJE SUDJELOVANJE U DEMONSTRACIJAMA

(Napisano u Zagrebu, 11. siječnja 2022.)

Dragi prijatelji,

Opet me naš Davor potaknuo da nešto napišem, ovaj puta o demonstracijama. Sjetio se on, vjerojatno gledajući ovih dana organizirane skupove potpore Novaku Đokoviću u njegovom ratu s australskom imigracijskom administracijom, nekih davnih demonstracija podrške Lazi Vračariću, o čemu je dosta napisao (a u njima nisam sudjelovao) pa se neću tim slučajem baviti).

Zajednički nazivnik tih događaja, kao i onih o kojima ću pisati u nastavku, a to je moje sudjelovanje u demonstracijama, je da je masama relativno lako manipulirati i koristiti njihov (često opravdani) gnjev za razne ciljeve.

Trst je naš! Tuđe nećemo, svoje ne damo!:
Bilo je to moje prvo sudjelovanje u nekim demonstracijama. Godina je 1954.; tršćanska kriza je pri kraju. Veliki se odlučili da Zona A i grad Trst pripadnu Italiji. Nezadovoljan time jugoslavenski državni vrh na čelu s JBT pokreće prosvjede na kojima su glavne parole ove iz naslova.

Ja u drugom razredu, niti devet godina star. Učiteljica nas izvodi pred zgradu 2. osnovne škole u Banjoj Luci. Držimo se u velikom špaliru ra ruke i buntovno izvikujemo: *Trst je naš! Tuđe nećemo, svoje ne damo!*

Naravno da nemamo pojma o čemu se radi; ne znamo ni gdje je Trst niti je li stvarno naš, ali sirota je učiteljica morala odraditi dobiveni zadatak.

Mene je već tada jedino mučilo pitanje za koga to vičemo kada nas nitko ne sluša.

Puno kasnije, kad bih po nagovoru svoje Jasenke išao s njom u Trst u shopping, znao bih se sjetiti svojih prvih demonstracija i objektivno prosuđujući zaključiti da se, srećom za Tršćane, nisu ostvarile parole koje smo onda izvikivali. Jer, primjenjujući svoj stalno promjenjivi socijalistički model razvoja, 'unazadili' bi' mi i Trst kao i mnoge druge stvari.

Dolje Čombe/Tchombe!:

Sad sam već gimnazijalac. Godina je 1961.; na vrhuncu je kriza u Kongu. Snage odane belgijskoj kolonijalnoj vlasti na odlasku ubile su ne samo generalnog tajnika UN Daga Hammarskjölda nego i novoga šefa države i vođu pokreta za neovisnost Paticea Lumumbu.

Ovoga puta sam u nešto drukčijoj poziciji; znam ponešto o biti problema a i Lumumba mi je, kao i svima nama indoktriniranima idejama pokreta nesvrstanosti, tragični junak. A glavni negativac je vođa secesionističke Catange (rudama bogate kongoanske pokrajine koju Belgija ne želi izgubiti) Moiz Tchombe.

Vidio sam tada kako je lako zapaliti mase, uključujući i mene. Manje-više spontano stariji su gimnazijalci pokrenuli sve nas na demonstracije, što i nije bilo teško kad se ide sa nastave. Glavni slogan je dakako: Dolje Tchombe!

Sjećam se da sam odjurio u radionicu naše školske zadruge i napravio improvizirani transparent: Dolje Čombe! i pridružio se rijeci koja ide prema glavnome gradskom trgu; dolaze i đaci obližnje tehničke škole a onda i drugi građani.

Sada je već to respektabilna masa ljudi, ljuta na tisućama kilometara dalekoga Čombea. Svi viču: Dolje Čombe. Jamčim da bi ga, da je bio tu razapeli i linčovali usred centra grada. U izljevu svoga bijesa a nedostatku pravoga krivca najžešći su nekako uspjeli prevrnuti ničemu krivi, jedan od onih prastarih londonskih autobusa na kat (dobivenih u nekoj donaciji) gradskoga prijevoznoga poduzeća.

Kada je stvar bila na vrhuncu na govornicu na balkonu jedne od centralnih zgrada stupio je gradonačelnik/predsjednik općine Ž. B., koji je bio dosta omiljen među narodom, i s nekoliko spretnih fraza (kao, po prilici, već će Čombea osuditi sav pošteni svijet i stići će ga ruka pravde) uspio je koliko toliko umiriti uzavreli skup.

Narod se počeo razilaziti a mene je, kad sam se malo emotivno 'ispraznio' opet počelo mučiti pitanje: Stani, mi demonstriramo; kome? Nitko nas ne sluša, a ponajmanje Tchombe.

Studentski nemiri 1968.:
Sada sam student, pri kraju studija na ETF-u u Zagrebu. Europu tresu studentski nemiri, započeti čini mi se u Parizu. Tu se radilo o općem buntu protiv kapitalizma, konzumerizma i tradicionalnih institucija. Začas su se proširili po Europi pa i na Jugoslaviju.

Kod nas nije bilo kapitalizma ali se narod imao itekako protiv čega i protiv koga buniti. Najžešće je bilo u Beogradu gdje je drug Tito morao posegnuti za svojim jockerom Veljkom Vlahovićem. Poslao je ovoga revolucionara i partizana, koji je imao u narodu veliki ugled poštenjaka (osobito zato jer je u ratu ostao bez noge) da smiruje studentski bunt, u kojem je bilo i nasilja i žrtava. Uz razna obećanja tipa istražit ćemo, promijenit ćemo, popravit ćemo itd. to je nekako i uspjelo.

U Zagrebu svelo se to ponajviše na veliki prosvjedni skup u krugu Studentskoga centra. Naravno u vrijeme ručka, kada je tu studenata najviše pa sam se i ja zatekao u masi koja je u jednom trenutku sjela na pod i potpuno zaposjela prostrano 'dvorište' SC-a slušajući govornike.

Za podgrijavanje atmosfere brinu se od studenata neki (za mene anonimni) Šime (počeo je vrlo brzo nervirati skup jer se svakih par minuta javljao za riječ, da ima još nešto za dodati) i već u studentskim krugovima eksponirana Vesna G. V.

Smjenjuju se brojni govornici, od onih koji pokušavaju prenijeti izvorne poruke studenata Pariza do onih koji traže da damo 'bratsku' podršku prosvjednicima u Beogradu pa do predstavnika raznih struja i skupina u društvu koje do tada nisu imale nikakvu priliku javno istupati. Ostao mi je jaki, mučni dojam 'zločestoga' istupa jednoga od lidera onodobnoga oporbenoga Praxisa (ne sjećam se je li to bio Gajo Petrović ili Milan Kangrga).

Rektor Sveučilišta (nisam siguran je li to u to vrijeme bio Slavko Macarol ili Ivan Supek) nije se pojavio nego je među studente poslao prorektora Alegrettija s Geodezije, koji je održao 'sveta vodica' govor tipa: ne brinite studenti, Sveučilište je uz vas, bla., bla.

Najpametniji su bili oni koji su skupu preporučili da se nikako ne izlazi na ulice (to je ovdje bilo relativno lako održati, samo su dva, prilično uska prolaza van na Savsku cestu) jer tamo spremno čeka milicija/policija. I skup se nekako, malo po malo razišao.

A ja otišao prilično zbunjen. Ovo je nesumnjivo bio jedan od trenutaka, kada sam - do tada uvjeren da se postojeći sustav može popravljati i spasiti – počeo sumnjati da sustavu nema spasa.

Hrvatsko proljeće 1971.:
Sada sam već apsolvent s podužim stažom, ali nakon 'šahovske faze' ipak na kraju studija. A tu je sada naravno i najveći krivac za moj raskid sa šahom, Jasenka.

Dopodne sam navratio na faks. U toku je veliki štrajk studenata na Sveučilištu pa je u prepunoj velikoj predavaonici ETF-a prosvjedni skup. Pridružujem se. U masi uzbuđenje; prostruji vijest: Dolazi vođa!

U pratnji naših električara (studenata elektrotehnike) Praljka, Sučića i drugih, okružen nabrijanim tjelohraniteljima (na glavi im plave beretke s hrvatskim grbom, u to vrijeme nezamislivo!) ulazi Dražen Budiša. Održi dojmljiv govor. Naglasak je na osnovnim, lako razumljivim i široko prihvaćenim parolama proljećara: Genexi, Inexi i drugi centri moći iz Beograda, vratite Hrvatskoj devize itd. Ovacije podrške…

Popodne se narod okuplja na Trgu Republike (danas je to opet Jelačić plac) da dade podršku Savki i Tripalu. Ja sam međutim već dogovorio spoj s Jasenkom, na Džamiji, gdje stanuje i kino u 17h.

Idemo prema kinu (zamislite danas: kino 50 metara od centra Hrvatske, Trga Republike, zvalo se Kosmaj!?) a duž Jurišićeve nepregledni niz land rovera, punih nabrijanih 'milicajaca' pod kacigama.

Ulazimo na predstavu. Vidjet ćemo poslije filma kako će se stvari razvijati, mislim. Kad ono vraga; na Trgu galama, čuje se i u kinu. A onda vika i lupa ispred samih izlaznih vrata. Grupa prosvjednika pobjegla je pred pendrecima u haustor kraj kina ali ih milicajci stigoše... Predstava naprasno prekinuta. Izađosmo i pomiješasmo se sa svjetinom. Nekako nas uz prilično muke i 'proguravanja' izvedoh u mirniji dio, prema Džamiji.

Mnogi koji su ostali dobili su teške batine. Tako su jedno vrijeme crnohumorno neki Trg Republike zvali Pendrek-plac.

A što se zbivalo u danima nakon toga, osobito nakon sloma Proljeća i pada Savke i Tripala vjerojatno svi znate a i nije tema ove priče o demonstracijama.

Ipak, dopustit ćete mi jednu digresiju s tim u vezi. Pita mene mamina sestra iz Banja Luke (žena, kao i svi moji iz partizanske familije predratnih komunista ilegalaca): Što to sine čitamo, u studentskim domovima u Zagrebu uhvaćeno na stotine ilegalaca. Pa teta moja, velim, režimski mediji to posebno ističu kako bi studentski pokret u javnosti dobio i teroristička obilježja. A radi se o studentima koje nazivamo ilegalcima jer nisu imali pravo na studentski dom pa kriomice, ilegalno, stanuju kao podstanari kod kolega u domu, koristeći često, na smjenu, čak i isti krevet. Teta mi i vjeruje i ne vjeruje...

U svakom slučaju, u svjedočenju ovim događajima krije se klica moga (puno) kasnijega prosvjetljenja, svojevrsne katarze pa na kraju i, sviđalo se to kome ili ne, mojega preobraćenja iz uvjerenoga, indoktriniranoga, anacionalnoga komunista u današnjega domoljuba i konzervativnoga desničara.

Sveti otac Ivan Pavao II u Zagrebu:
Vjernik nisam postao ali zadnji veliki skup na kojem sam sudjelovao nisu bile demonstracije protiv nečega nego pozdrav i izraz najvećeg poštovanja papi Ivanu Pavlu II.

Godina je 1994. Upravo sam se vratio iz svoje 3,5 godišnje libijske epizode. Rat još traje. Osobito je teško u Bosni. Sveti otac uspijeva što dotad nitko nije, sastati se na jednome mjestu, u muzeju u opkoljenome Sarajevu, s predstavnicima svih triju zaraćenih strana.

Ni u Hrvatskoj rat ne jenjava. Papa dolazi u tom teškom vremenu dati hrvatskom narodu po tko zna koji puta svoju podršku. Nije to nikad bila samo simbolička a još manje deklarativna potpora; sjetimo se njegove presudne uloge oko međunarodnoga priznanja Hrvatske.

Odlazim s Jasenkom i mlađim sinom odati poštovanje tom velikom čovjeku. Stanemo u špalir koji se formira ispred Mimare. Prolazi papamobil s velikom pratnjom; Sveti otac otpozdravlja narodu koji ga oduševljeno pozdravlja mašući zastavicama i velikim pljeskom.

A ja ispunjen srećom i zadovoljstvom.

Epilog:
U nekim kasnijim demonstracijama ni drugim velikim skupovima nisam više sudjelovao, premda ih je bilo puno. Posebno mi je žao što sam Vatrene poslije ruskoga srebra pozdravio samo iz fotelje. Osnovni razlog su moje teškoće s hodanjem i stajanjem na jednome mjestu a i godine čine svoje…

A promatrajući na televiziji razne demonstracije uvijek mi se potvrdi zaključak iz početka ovoga teksta: Mase ja vrlo lako zapaliti i njima manipulirati.

ŽELJEZNICA U MOM SRCU I MOJIM USPOMENAMA

*Posvećeno mojim 'starim željezničarima' didi
Pavelu i tetku Mili
(Zapisao koncem siječnja 2022.)*

Dragi prijatelji,

Već sam u više navrata pisao o tome da sam se jedan dio vremena, pod kraj svoga radnoga vijeka, bavio elektrifikacijom željezničkih pruga, kako u Hrvatskoj tako i u inozemstvu, a i to da sam gotovo pet godina, poslije krvavoga rata u Bosni, radio kao Končarov čovjek za BiH, također baveći se puno i obnovom željezničke infrastrukture. Tako željeznica ima posebno mjesto u mome srcu i mojim uspomenama od kojih neke želim podijeliti s vama.

Moje veze sa željeznicom:

Radeći za željeznicu sam, čini se, zatvorio obiteljski krug i vratio dug svome ljubljanskom djedu/didi Pavelu koji je, što u Austrougarskoj što u kraljevini Jugoslaviji i za vrijeme talijanske okupacije Ljubljane, kao viši željeznički činovnik dočekao mirovinu u koju su ga 'sprašili' i na selo (da napravi mjesta radničkoj klasi) prisilno, dekretom, s obitelji preselili 'genijalci' poput drugova Kidriča i Kardelja.

A imam još jednu obiteljsku poveznicu sa željeznicom. Mamin daleki rođak, kojeg smo zvali tetak Mile, bio je 'šef' male željezničke stanice, prve na izlazu iz Banje Luke. Bio sam mali dečko kada bismo išli u posjet njemu i supruzi mu teti Jeleni. I dok su stariji razgovarali o meni dosadnim stvarima ja sam jedva čekao da tetak 'žičnom vezom' dobije znak da dolazi neki vlak; on bi onda uzeo crvenu 'otpravničku' kapu i 'loparić' (željezničari znaju da je to ona 'lopatica' kojom se daje znak za polazak vlaka), zapalio plamen u višebojnom fenjeru te mašući njime najavljivao spuštanje rampe i prolazak vlaka.

Zato ću ove svoje 'željezničke' pričice posvetiti ovim svojim starim, odavno pokojnim željezničarima, didi Pavelu i tetku Mili.

Moja fascinacija vlakovima:
Kao osnovac bio sam opčinjen vlakovima. Stanovali smo kraj same stare željezničke stanice u centru Banje Luke. Vrlo često me je učiteljica tužila mami da kasnim na nastavu.

Mama se čudila, uredno bi me i na vrijeme otpremila u nedaleku školu. Poslije su utvrdile da bih se ja redovito zadržao na kolodvoru gledajući kako mala manevarka, u oblacima pare i dima s mukom 'foršiba' (tako se to nekad, po 'njemački' zvalo) vagone, i proučavajući kako se formiraju kompozicije; srećom bez neke nesreće.

Bila su to vremena kada se putovalo malo i uglavnom željeznicom. Nije bilo privatnih automobila a ceste su bile u jako lošem stanju (jedanput me je otac, bilo je to pedeset i neke, idući na službeni put u Zagreb službenim autom, poveo sa sobom; možda mi nećete vjerovati, negdje između Okučana i Zagreba vozili smo se prašnjavom, neasfaltiranom cestom). Godinama poslije to se naravno stubokom promijenilo.

Vlakom prema Bosni:
Ipak i kasnije, u prvim godinama studija još sam često iz Zagreba u Banju Luku putovao vlakom. Tada su

postojale nekakve karte (mislim da su imale oznaku K-13 ili slično), koje su davale pravo redovitom studentu na 6 besplatnih povratnih vožnji godišnje. Nije bilo komforno i brzo kao autobusom ali je bilo besplatno. A tada se, hoće li to netko priznati ili ne, puno teže živjelo nego danas.

Jedna od asocijacija na ta putovanja mi je strašna gužva u vagonima, što nije bilo neočekivano jer sam obično putovao kući blagdanima i produženim vikendima. Nije baš bilo k'o u Indiji, Bangladešu ili Egiptu; ljudi nisu visjeli kroz prozore ili sjedili na krovu, ali na stepenicama bi ih bilo puno. Mi, koji bismo se nekako ugurali u vlak u Zagrebu, spremni da stojimo do Banje Luke, bili smo u velikoj prednosti pred onim koji bi htjeli ući na usputnim stanicama, Sisku, Sunji...

I pamtim ovu ružnu situaciju. Jedan od onih koji se htio ukrcati u vlak u Sisku (tada je otud putovalo kući u Bosnu jako puno radnika zaposlenih u željezari i drugoj sisačkoj industriji) moli, gotovo preklinje da nekako napravimo mjesta i primimo ga gore u vagon. Mnogi oko mene ga sočno ispsovaše uz ono: zar si ćorav pa ne vidiš koja je gužva i sl. Ipak se nekako stisnemo (pa čovjek jedva čeka da vidi ženu i djecu) i novi putnik se, s punim ustima zahvale, nekako ugura i još poveća gužvu. Netko izvadi flašu rakije začepljenu kukuruznim klipom; ona počne kružiti 'od usta do usta' da se situacija lakše podnese. Nepristojno je odbiti pa i ja gucnem...

Na sljedećoj stanici ista priča; opet neki mole da ih nekako primimo u već odavno prepuni vagon. I oni spominju ženu i djecu koji ih jedva čekaju... Ali najglasniji koji se tome protivi, uz psovke i ružne riječi, je sada baš onaj kojeg smo nedavno primili. Zaključujem, takav je nažalost često naš čovjek.

A evo jedne zgode u uvjetima manje gužve za koju ću se, kao što ćete vidjeti, pobrinuti sam.

Obični je vikend pa na Glavnom kolodvoru nije prevelika gužva. Oni koji pamte to vrijeme sjetit će se da bi kompozicija brzoga vlaka za Bosnu bila postavljena na jednom od kolosijeka na 3. peronu. Na drugom kolosijeku istoga perona postavljen bi bio 'brzi' za Dalmaciju (Split, Šibenik).

Polazak za Banju Luku je u 9,10h. Ja, kao i obično, stižem u zadnji čas. 'Uletim' u vlak, sretan što ima mjesta i za mene i za moj veliki kofer (u njemu veš za pranje kod mame i nekoliko knjiga i bilježnica za faks, koje sam prvih godina obvezno nosio na put, nadajući se da ću doma naći vremena i za učenje a nikad ih ne bih ni otvorio).

Kad sam se malo pribrao upadoše mi u oči brojni prazni demižoni za vino i slična oprema a još više da svi oko mene govore 'po dalmatinski', nigdje mojih Bosanaca. Shvatih da sam ušao u krivi vlak ali jao, onaj sa susjednog kolosijeka upravo je krenuo.

Kondukter veli da nema problema, da i ovaj vlak ide tzv. unskom prugom i da mi karta vrijedi. A ako budemo imali sreće, budući da i mi upravo krećemo, možda se još s onim vlakom nađemo u Bosanskom Novom pa tamo presjednem za Banju Luku.

Ali naravno, ništa od toga. Mi u Bosanski Novi a onaj za Banju Luku i Doboj otišao prije par minuta. Preostaje mi čekati putnički koji kreće u 17h a dotle nekako ubiti vrijeme (naravno bez pare u džepu). Sa zadnjim kovanicama uspio sam nazvati svoje i javiti im da se brinu. I tako sam sretno, nakon 11 sati putovanja, u Banju Luku stigao oko 20h.

Kad smo već kod željezničke stanice u Banjoj Luci (ona stara, u centru je negdje sedamdesetih godina napuštena; ostala je samo prepoznatljiva zgrada iz austrougarskog vremena, nova je izvan grada i zove se Banja Luka-Predgrađe) pada mi na pamet zgoda u kojoj nisam bio putnik.

Imali smo tada svoga 'stojadina' i vraćali se s mora. Nazovem mamu pred polazak a ona veli da se javila ljubljanska teta (tatina sestra Jelena), da nam dolazi u goste te me moli da čim dođemo idem tetu dočekati.

Stižemo 'na knap' u Banja Luku, brzo iskrcavam svoje kod 'svojih' i nastavljam na kolodvor. Tu je neka nova regulacija prometa i greškom završih na dolaznim peronima susjednog autobusnoga kolodvora. I evo milicajca ali i carinika!

Milicija me kažnjava što sam ušao u zonu rezerviranu samo za autobuse. To je u redu.

A carinik je dio ekipa koji se 'po dubini teritorija' (gdje je Banja Luka od bilo koje granice!) bore protiv šverca, poglavito kave. Doba je to 'par-nepar vlade' drugarice M.P.; vrijeme nedostatka svega, od goriva preko kave pa do higijenskih uložaka, na što treba opet i ponovno podsjetiti razne nostalgičare za onim vremenima (u slobodnom razgovoru nazvao bih takve mazohističkim idiotima, ali ovo je drukčiji tekst pa ovaj puta neću).

I zasjaše cariniku oči. Ulovio je izgleda jednoga koji je evo, u dogovoru s kondukterima, upravo pretovario vreće kave iz autobusa u auto. Zapovijedi mi čovjek oštro da otvorim prtljažnik. I tko sretniji od njega, dvije ili tri velike crne vreće unutra.

Aha, primi se on posla i počne kopati; ali naravno po prljavom vešu kojeg nosimo na pranje u Zagreb (u Pirovcu, usprkos postojećoj perilici, imali smo stalne probleme s nedovoljnim tlakom vode). U početku je još valjda mislio da se radi o kavi skrivenoj među prljavim rubljem pa je bio osobito revan.

Kada je sve bezuspješno prerovao bio je ljut kao ris a ja pomalo zločesto zadovoljan. Vratilo se cariniku malo od onoga što bi trebalo za svu aroganciju, ponekad i poniženja koja smo doživljavali od njegovih kolega i njemu sličnih kad bi se s par majica, s novim tenisicama ili sl. vraćali iz Trsta ili Graza.

Vrijeme kada smo uglavnom koristili cestovni a vrlo malo željeznički prijevoz:

Došlo je vrijeme kada se godinama nismo vozili vlakom. Okrenuli smo se bržem i jeftinijem prijevozu autobusom ili udobnosti vlastitoga auta. Djecu bismo, da se sjete da postoji željeznica i da osjete veselje vožnje vlakom, svakih par godina provozati nekom zgodnom željezničkom turom.

Nije u pitanju bio samo komoditet običnoga čovjeka. Vlasti su u suludoj logici da željeznica mora biti isplativa (a takve na svijetu nema), da ne smije biti u gubitcima, vrlo malo ulagale u njenu modernizaciju pa čak i u održavanje (recimo jasno: često i na uštrb sigurnosti prometa).

Ukinule su i niz ne samo atraktivnih 'malih' pruga, poput legendarnoga Samoborčeka, nego i neke koje su ljudima u provinciji 'život značile' (pa se sada čude, kako bi Zagorci rekli 'k'o picek glisti', trendu iseljavanja iz mnogih krajeva).

Nažalost, danas nam je trebala doći Europa da nas ponovno uči što za neku zemlju znači željeznica; kroz EU fondove i na druge načine obilato podupire njenu obnovu i modernizaciju i u Hrvatskoj ali, naravno, prije svega na 'koridorima' važnim za međunarodni promet.

Raspisao sam se evo u negativnom tonu, što nije namjera ovoga teksta, pa se vraćam još nekim lijepim stvarima vezanim za moja iskustva sa željeznicom.

Čari mojeg rada za željeznicu:

Radeći na brojnim željezničkim projektima, što obnove što nove gradnje, upoznao sam na jedan novi način mnoge krajeve naše Hrvatske poput Zapadne i Istočne Slavonije, Gorskoga kotara, Hrvatskoga primorja, doline Neretve.

Nudeći usluge Končara i partnera za mnoge poslove u inozemstvu, od kojih smo manji broj i realizirali, ili skupljajući iskustva drugih obišao sam željeznice od Kazahstana, Irana, Turske, preko Crne Gore, Rumunjske, Mađarske, Austrije, Slovačke, Češke do Maroka, posjetio sam velike svjetske sajmove transporta, upoznao mnoge drage ljude ali i puno onih manje dragih.

Osobito iskustvo pa i zadovoljstvo za mene bio rad je na obnovi željezničke infrastrukture u ratom razrušenoj Bosni i Hercegovini. O tome bih mogao napisati čitav roman ili barem neki dulji tekst pa se ovdje neću s time previše baviti.

Jedan od razloga je i taj da bih opet počeo pisati previše 'crnila' a što vam ne želim.

A kako bi moglo i biti drukčije ako bih pisao da sam se našao u okruženju bestijalnih ratnih razaranja pruga, mostova, kolodvora, trafostanica… mnogih miniranih ili minski sumnjivih područja, itd.

Ali što se može: „Rat je vakat za pogana insana" (vrijeme za zločesta čovjeka); tu veliku istinu izrečenu onako po bosanski pripisuju književniku Meši Selimoviću.

A svjedočili smo i brojnim poslijeratnim vandalskim razaranjima objekata i opreme željezničke infrastrukture radi krađe…

I kao što rekoh o svojim iskustvima iz toga vremena u Bosni možda ću drugom zgodom više napisati. A ovaj tekst, koji sam posvetio svojim 'starim' željezničarima, završit ću konstatacijom da sam ponosan da je za to vrijeme, velikim zalaganjem lokalnih željezničara, Končarovih partnera i nas Končarevaca, dosta objekata željezničke infrastrukture u BiH obnovljeno i stavljeno u ponovnu funkciju te da je izgrađeno i nešto novih.

I MALO POEZIJE

USRED LJETA KASNA JESEN ILI …
POTOP?
(Zapisano u Zagrebu, 17.07.2021. oko 9h)

DAN JE ODMAKNUO
A SVE JE SIVO I SVE JE SIVIJE;
MA NE, SVE JE CRNO I SVE JE CRNIJE.
NEBA NEMA; OBLACI DO ZEMLJE
I SAMO KIŠA.
MISLIŠ DA ĆE STATI A ONA SVE JAČA.
PRIJETEĆE BUBNJANJE PO PROZORU.

NA RADIJU: KATASTROFALNE POPLAVE
U BELGIJI, NIZOZEMSKOJ, NJEMAČKOJ,
FRANCUSKOJ…

NEĆE SE VALJDA OVO I KOD NAS PROMETNUTI
U POTOP, ONAJ BIBLIJSKI?
ZASLUŽEN NAKON DESETLJEĆA
NAŠEGA OSOBNOGA LICEMJERNOG
PONAŠANJA, LOPOVLUKA
I POHLEPE VLADAJUĆIH

SVE JE JASNO, KAŽU DRUGI,
U PITANJU SU KLIMATSKE PROMJENE.
OK! ALI KOLIKO JE ZA NJIH
ODGOVORAN ČOVJEK?
ILI SE PAK KROZ NAMA ZNANU POVIJEST
ONE CIKLIČKI PONAVLJAJU?
PA OTAPALI SU SE I PRIJE LEDENJACI,
RAĐALI SE NORVEŠKI FJORDOVI
I ŠVICARSKA JEZERA;

TONULE SU U RASTUĆIM MORIMA
CIJELE ATLANTIDE…

PRENE ME IZ OVOG RAZMIŠLJANJA MALO
ZATIŠJE. KIŠA SLABI.
OHRABRUJUĆE - NA OBZORU SVJETLIJE;
NIJE VEDRINA NEGO SAMO SVIJETLO SIVO…
A GORE SE OPET POJAVLJUJE NEBO;
CRNI SE OBLACI VALJAJU
S JEDNOG KRAJA NA DRUGI.
A S NJIMA I CRNE MISLI;
KAKO IH ODAGNATI?
NAJBOLJE JE, MISLIM,
PRIČEKATI DA OVO PROĐE,
NEĆE VALJDA DUGO,
IPAK SMO USRED LJETA.

****

(*Dopisano oko 21 sat*):

VRAGA, PONOVILO SE OVO
JOŠ JEDANPUT POPODNE
I EVO GA SADA OPET;
VANI SU OBLACI TAKO CRNI
DA SUTONU NEĆE BITI TEŠKO
NEOPAŽENO PRIJEĆI U NOĆ.
A KOLIKO ĆE NAM ONA PODARIT' KIŠE?
ZASAD NE PADA,
ALI MUNJE SVAKIH NEKOLIKO SEKUNDA
GOTOVO STROBOSKOPSKI,
K'O U NEKOM NADNARAVNOM LABORATORIJU
ILI KAZALIŠTU
OSVJETLJAVAJU CIJELI HORIZONT.
ŠTO LI NAM NOSI OVA NOĆ?

ZORA U ARBORETUMU;
PREKRASNI TRENUTCI KAD NI PALME
NE NJIŠU GRANE

(Zapisano u Malinskoj, 12. kolovoza 2021.)

PREDUHITRIO SAM DAN,
JOŠ JE NOĆ NA IZMAKU,
SJEDIM NA NAŠOJ MALINSKOJ TERASI
POVRH NAŠEGA MINI-ARBORETUMA.

SLUŠAM TIŠINU I SKUPLJAM MIR
ZA JOŠ JEDAN BUČAN DAN,
SIGURNO OPET PREPUN GALAME
SUSJEDA I NJIHOVIH GOSTIJU.

GLEDAM S PONOSOM I LJUBAVLJU
ČEMPRESE, OLEANDER, RUŽMARIN,
LOVOR I PALME, JASMIN…
SVE ŠTO JE OPRAVDALO NAŠ TRUD
DA OPLEMENIMO SVOJ MALI VRT.

PRINC JASMIN, PREMDA NEDAVNO JAKO
POTKRESAN OPET POLAKO OSVAJA OGRADU
I GRADI ZELENI ZID PREMA SUSJEDIMA.
KRALJICA PALMA NADVISILA JE ČEMPRESE,
PONOSNO STOJI NA ULAZU;
POSTAJE PRAVI SIMBOL NAŠE KUĆE.

GLEDAM PALMU I PADNE MI NA PAMET
ŠTO DAVNO PJEVAHU TRUBADURI:
KAD PALME NJIŠU GRANE I CIJELA VAROŠ
SPI…

I STVARNO, MALINSKA SPAVA
SNOM PRAVREDNIKA UMORNIH
OD SUNCA, MORA I TULUMARENJA.
ALI NAŠA PALMA NIŠTA, SAVRŠENO MIRNA;
NI DAŠKA VJETRA DA ZANJIŠE GRANE.

NEBO ODJEDNOM POSTAJE SVJETLIJE –
PRASKOZORJE.
A ONDA SE OGLASI ZVONO CRKVE
DOLJE U MJESTU.
BROJIM OTKUCAJE – ŠEST JE.
A POTOM GLASNI ZDRAVO MARIJA.

USKORO POČINJE ŽIVOST A ZAVRŠAVA
ZA MENE NAJLJEPŠI DIO DANA,
KOJI BIH RADO PODIJELIO
S DRAGIM OSOBAMA.

AVIONOSTALGIJA
Pjesma o fascinaciji avionima i
o NEstrahu od letenja

UDOBNO ZAVALJEN NA BRIJEGU SJEDIM,
POGLEDOM LUTAM,
PLAVETNILO SVE TAMO DO
PLEŠIVICE, KLEKA, VELEBITA,
ZELENO MORE MEDVEDNICE I PRIGORJA
OČARAN OČIMA GUTAM.
SLUŠAM TIŠINU:
NEIZRECIVA LJEPOTA, RAZUMU NESHVATLJIVI
MIR rekao bi Huxley.
GOTOVO GA NE REMETI NEGO JE DIO NJEGA
JEDNOLIČNI ZVUK MOTORA
ČUDESNUH PTICA, JEDNOG OD VELIKIH,
NAJVEĆIH TEHNIČKIH ČUDA,
ZRAKOPLOVA KOJIMA SAM I DANAS OPČINJEN
K'O I KAD SAM BIO DIJETE,
A ŠTO PLOVE NEBOM IZNAD NAS
I TKO ZNA KUD' SVE LETE.

I BUDI SE NOSTALGIJA ZA VREMENOM
KAD SAM BEZBROJ PUTA,
SJEDEĆ' UVIJEK DO PROZORA
(na Check In-u obvezno: Window, please!),
VEDRO VRIJEME ZAZIVAO I ONDA
KRAJOLIKE ŠTO OSTAJU ISPOD NAS GLEDAO.
KOJI PUT TO BIJAHU SNJEŽNI VRHOVI
PLANINA, NEKAD POLJA ILI ŠUME,
PUSTINJE ILI NEPREGLEDNO MORE,
ČESTO GRADOVI I VELEGRADOVI.
UVIJEK BIH NEŠTO NOVOGA OTKRIO

I PRITOM BEZ DAHA OSTAO,
SVAKI PUT OPET TRUDEĆ' SE
PREPOZNATI IZ ONIH VISINA
JE L' ONO DOLJE GIBRALTAR, BAGDAD,
BERLIN, ŠIROK' DUNAV ILI KRIVA DRINA.

A NIKAD ME NIJE BILO STRAH, PA I USRED
OLUJE POMISLIT' SAM ZNAO:
PA ŠTO, *VRIJEDILO JE NE BUDE LI ME*, AKO BI
AVION SAD ZBOG NEČEG PAO.

I EVO ME SAD U MAŠTI I ČEŽNJI
GORE S NJIMA,
KAPETANIMA, STJUARDESAMA, PUTNICIMA.
TEK POLETJESMO IZ ZRAČNE LUKE
I PRELETJET' NAM JE MEDVEDNICU.
AL' SMO JOŠ UVIJEK DOVOLJNO NISKO.
SJEDIM UZ PROZOR,
VIDIM JASNO SVOJ MEDVEDSKI BREG, KUĆICU,
NA TERASI SANJARA.
POGLED MU KRISTALNIM NEBOM LETI
I SVAKI ZVUK SLIJEDI
DA SVOJ ZRAKOPLOV NAĐE I U NJEM'
I S NJIME OPET U NEKE OD ZEMALJA
I DALEKIH KRAJEVA ODLETI.

KAKO SU HOMONIMI ZAPALILI I UGASILI ŠUMSKI POŽAR TAMO NEGDJE NA JUGU
(Napisano koncem studenoga 2021.)

Škola na Trećem, gradivo za 8. razred; predmet: hrvatski
jezik; tema: homonimi. HOMONIMI ili
ISTOGLASNICE = riječi različitog značenja a istoga ili
sličnog oblika.
Pa poigrajmo se homonimima! Ima ih puno u našem
jeziku; označimo ih *italikom* i podebljajmo! Pazite, tajna
je u naglasku! Zamislimo kako je strancu teško dobro
naučiti hrvatski.

METEOROLOZI JAVLJAJU:
NA *JUGU* ZEMLJE PUŠE ORKANSKI JUGO;
ČUVAJMO SE ŠUMSKIH POŽARA
PO *JUG*U SE BRZO ŠIRE A TEŠKO GASE.

I STVARNO, U SELU UZBUNA:
GORE GORE GORE! VIČU MUŠKI.
PA NARAVNO, NE MOŽE BITI *GORE*,
VELE BABE; VISOKA JE TRAVA
A ČOBANI NE *VODE* VIŠE *BLAGO* PREKO *VODE*
DA MAKIJU POBRSTI I TRAVU POPASE
VEĆ SJEDE KRAJ VATRE I SKRIVENO
HAJDUČKO *BLAGO* SANJAJU
I O NJEM' BUDNI POTIHO RAZGOVARAJU.

A NI KOSCI STRME *KOSE* VEĆ DUGO NE *KOSE*;
MLADI VIŠE PREKO RAMENA NE NOSE *KOSE*
NEGO DO RAMENA DUGE *KOSE*.

IDEŠ LI VATRU GASIT'? PITA MUŽA SUSJEDA
PREZIMENOM MIŠIĆ
MIŠIĆU MOJ, NE BRINI, KAD OSLABI JUGO
DOĆI ĆE KANADER, VELI *MIŠIĆ*.
A JA NE MOGU, OZLIJEDIO SAM *MIŠIĆ*.
U ŠUMI SAM SE SAGNUO,
UBRAH LJEKOVITE BILJKE *LIST*
I PRITOM ISTEGNUH LIJEVE NOGE *LIST*.

SREĆOM PO OVAKVE GASITELJE PADNE KIŠA I
UGASI VATRU.
SAMO JOŠ LOKALNI DVD UZ VELIKI *ŽAR*
POLIJEVA MOKRI AL' JOŠ VRUĆI *ŽAR*.

KROZ PEPELA I DIMA PREPUNI *ZRAK*
PROBIJA SE PRVI SUNČEVI *ZRAK*.

A ONDA KONAČNO ZASJA SUNCE.
I PREKO NEBA POJAVI SE *DUGA*
PREKRASNA *DUGA*.

ZAMISLIMO DA SE OVA NAŠA PRIČA
DOGODILA PREKO *LJETA*, PRIJE PAR *LJETA*.
NA TOM MJESTU U *GORI*
SIGURNO SADA NIŠTA NE *GORI*,
NESTALE SU TAMO *ŠUME*
PA VIŠE NA VJETRU NE *ŠUME*.

PJESMICA
O VINU I MOSLAVINI
(Posvećena gostoljubivim i vrijednim Moslavcima:
Štefu D., njegovom kumu Kovi i drugima…)

AKO ŽELIŠ DOBRA VINA
ADRESA JE MOSLAVINA.
AKO HOĆEŠ DOBRO PITI
TREBAŠ TI DO KRIŽA ITI,
KOD KUMA SE PRIJAVITI.

ŠKRLET, RIZLING, GRAŠEVINA…
NJEGOVA SU PRAVA VINA.
A DA JELO TI NE FULAŠ
LOVAČKI SE NUDI GULAŠ.

I DOK ČEKAŠ TO UZ LOZU,
DA PREVARIŠ GLAD, NERVOZU
LOVAČKE SU TU KOBASE
PONAJBOLJE OD SVIH, ZNA SE.

S FRANKOVKOM SE DIVLJAČ SLJUBI
O VREMANU SE POJAM 'ZGUBI
OSTAO BI' SVE DO SUTRA
DOČEKAO NOVA JUTRA…

KAKO OSTAT' NEĆU MOĆI
VELIM DA ĆU OPET DOĆI.
KOJU LITRU ĆU UZETI
DA ME DOMA TO PODSJETI
KAKVA SVE NAM DOBRA VINA
NUDI NAŠA MOSLAVINA.

GORAN JEŠE
Kratki životopis

Goran Ješe (77god.) rođen je u Banjoj Luci, Bosna i Hercegovina, gdje je završio gimanziju.

Od 1964. godine studira na elektrotehničkom fakultetu u Zagrebu, Hrvatska, gdje ostaje živjeti i raditi nakon diplome.

Uz osnovnu struku, elektroenergetiku proširo je kasnije svoja znanja putem više međunarodnih seminara i studija i na druga područja svoga interesa: strateški menadžment, planiranje i upravljanje razvojem.

Gotovo cijeli radni vijek proveo je u raznim dijelovima poduzeća Končar, sudjelujući u mnogim značajnijim projektima i obavljajući više odgovornih dužnosti.

Oženjen je Jasenkom, mr.pharm., imaju dva sina Igora (dipl.ing.el.) i Dražena (mr.pharm.) i dvoje unučadi, Pavla i Evu.

Sada, kad je u zasluženoj mirovini, Goran Ješe rado piše različite tekstove, od društveno-političkih eseja i osvrta pa do kratkih priča i skica iz života, s vrlo širokom tematikom – kakav je i njegov interes, a dio kojih ste mogli pročitati u ovoj knjižici.